# GRAMMAIRE

## FRANÇOISE

## DE LHOMOND.

# AVIS.

On vient de mettre en vente chez Le Prieur, Libraire, rue des Noyers, nº. 45, et chez l'auteur, boulevart St.-Antoine, nº. 71, à Paris, le *Nouveau Dictionnaire portatif de la langue françoise*, rédigé d'après le Dictionnaire de l'Académie et les meilleurs grammairiens; par Charles-Constant Letellier, professeur de belles-lettres; 1 vol. in-8º. de plus de 800 pages.

Ce Dictionnaire, dédié à madame Campan, surintendante de la maison impériale Napoléon d'Ecouen, et adopté par S. Exc. monseigneur le Grand-Chancelier de la Légion d'Honneur, pour l'usage des maisons impériales d'éducation, donne la prononciation des mots, lorsqu'elle s'écarte de l'usage ordinaire : il indique la formation du pluriel, dans les cas d'exception; il fait connoître par des définitions claires et précises, le sens propre des mots, et l'emploi qu'on en fait au figuré; des exemples courts et choisis rendent les diverses acceptions plus claires. Il facilite singulièrement la conjugaison des verbes, en donnant les temps qui présentent quelques difficultés ou quelques irrégularités, comme dans les verbes dont l'infinitif est en *ier* ou *yer*, etc. ; et ceux que les grammairiens appellent *défectifs*. L'auteur a exposé les règles grammaticales et la solution des difficultés, à chaque mot qui en fournit l'occasion, comme aux mots *quelque que*, *tout*, etc. On a élagué de cet ouvrage, tous les termes dont il faut éviter de se servir dans la société. Enfin, on a mis, au commencement, une Instruction très-détaillée sur la conjugaison des verbes, un Traité de la *Proposition*, et une méthode d'analyse grammaticale et logique.

* * *

Les Exemplaires exigés par la loi ont été déposés.

Tout contrefacteur ou débitant de contrefaçon de cet Ouvrage, sera poursuivi suivant la rigueur des lois.

Le Prieur

# GRAMMAIRE FRANÇOISE DE LHOMOND,

A L'USAGE DES LYCÉES ET DES INSTITUTIONS;

Revue, corrigée et augmentée

PAR CHARLES - CONSTANT LETELLIER,
Professeur de Belles-Lettres.

## TREIZIÈME ÉDITION,

Entièrement refaite, et dans laquelle l'Auteur a suivi un plan plus méthodique que dans les précédentes, a donné des divisions plus exactes, et joint des additions très-importantes sur les *Adjectifs*, les *Verbes*, l'emploi des *Modes*, la *concordance des Temps*, les *Participes*, etc., et la *Proposition* tant *logique* que *grammaticale*.

A PARIS,

Chez {
LE PRIEUR, Libraire, rue des Noyers, n°. 45;
BELIN, Libraire, quai des Augustins, n°. 53;
l'Auteur, Boulevart St.-Antoine, n°. 71;

1811.

# NOTE DE L'AUTEUR.

Je publiai cette Grammaire pour la première fois en 1805. Elle eut tout le succès que j'avois osé m'en promettre. Les éditions se sont succédé avec une très-grande rapidité. Les avantages qui la distinguent, consistent principalement dans la concision, la clarté et la simplicité, qui en rendent l'étude beaucoup plus facile aux élèves. La formation des temps *dérivés*, dans la conjugaison des verbes, a été clairement expliquée ; le traité des *Participes* est le plus complet que nous ayons ; le chapitre des *Adjectifs* et celui des *Pronoms* font connoître parfaitement en quoi ces deux parties d'oraison diffèrent l'une de l'autre. J'ai donné la méthode de faire l'*analyse grammaticale* et l'*analyse logique*. Enfin, j'ai ajouté à mon travail un traité de la *versification françoise*, dans la persuasion où je suis que les jeunes gens ne pourront jamais bien sentir les beautés de la poésie, s'ils ne connoissent point les regles de la versification.

J'ai fait successivement, à chaque édition, des changements et des améliorations qui sont le résultat des discussions qui ont lieu dans les réunions d'un bon nombre de professeurs de la capitale. J'ai tenu par là ma grammaire au niveau des progrès que fait journellement l'étude de la plus belle langue vivante de l'Europe. Mais plusieurs Instituteurs désiroient, qu'en conservant les mêmes matériaux, j'adoptasse un plan plus méthodique, des divisions plus exactes, et que j'étendisse davantage quelques parties qui sembloient demander un plus grand développement. J'ai cru devoir céder à ces justes représentations. J'ai suivi, dans cette édition, un meilleur ordre que dans les éditions précédentes ; les diverses parties se trouvent classées plus convenablement ; et j'y ai inséré des augmentations très-importantes, sur-tout dans le chapitre

"

îles *Adjectifs*, dans ceux des *Verbes*, de l'emploi *des Modes*,
de la *concordance des Temps*, dans le traité des *Participes*,
dans l'article de la *Proposition logique*, de la *Phrase gram-*
*maticale*, etc. J'espère que je pourrai désormais laisser cette
grammaire dans l'état où je viens de la mettre, ou du moins
que je n'aurai plus que de très-légers changements à y faire.

C. C. LETELLIER.

# GRAMMAIRE

## FRANÇOISE

## DE LHOMOND.

### NOTIONS PRÉLIMINAIRES.

La *Grammaire* est l'art de parler et d'écrire correctement.

*Parler*, *écrire*, c'est exprimer sa pensée par des mots.

Les *mots* sont donc des signes de nos idées. Ce sont ou des sons formés par là bouche, ou des caractères tracés par la main.

Les mots se composent de *lettres*, qui, seules ou réunies entr'elles, forment des syllabes.

L'alphabet françois comprend vingt-cinq lettres ou caractères. Ces lettres se divisent en voyelles et en consonnes.

Les *voyelles* sont celles qui, seules, forment une *voix*, un son.

Les *consonnes*, sont celles qui ne forment un son qu'avec le secours des voyelles. *Consonne* veut dire qui *sonne avec*.

Il y a six voyelles qui sont *a*, *e*, *i*, *o*, *u* et *y*.

Il y a dix-neuf consonnes, savoir *b*, *c*, *d*, *f*, *g*, *h*, *j*, *k*, *l*, *m*, *n*, *p*, *q*, *r*, *s*, *t*, *v*, *x*, *z*.

On appelle *syllabe*, une ou plusieurs lettres qui forment un son, et se prononcent par une seule émission de voix. *Lois* et *traits* sont des mots d'une syllabe. Dans le mot *abandon*, *a* fait une syllabe, *ban* en fait une autre, et *don* en forme une troisième. Les mots qui ne sont que d'une syllabe, s'appellent *monosyllabes*.

Les *voyelles* sont longues ou brèves.

Les voyelles *longues* sont celles sur lesquelles on appuie plus long-temps que sur les autres en les prononçant.

Les voyelles *brèves* sont celles sur lesquelles on appuie moins long-temps.

Par exemple, *a* est long dans *pâte* pour faire du pain, et il est bref dans *patte* d'animal.

*E* est long dans *fête* et bref dans *ariette*.

*I* est long dans *gîte* et bref dans *visite*.

*O* est long dans *impôt* et bref dans *pavot*.

*U* est long dans *flûte* et bref dans *dispute*.

On distingue trois sortes d'*e* ; l'*e* muet, l'*é* fermé, et l'*è* ouvert.

L'*e* muet est celui qui ne se prononce point, ou dont le son se fait peu sentir, comme à la fin de ces mots *homme*, *monde*.

L'*é* fermé est celui qui se prononce, la

bouche presque fermée, comme dans ces mots *café*, *été*, *vérité*.

L'*è* ouvert est celui qu'on prononce, en appuyant dessus, et en desserrant les dents; comme dans *accès*, *succès*, *procès*, etc.

Cet *e* est plus ou moins ouvert.

Pour marquer les différentes sortes d'*e*, et les voyelles longues, on emploie trois petits signes que l'on nomme *accents;* savoir, l'accent *aigu* (´) qui se met sur les *é* fermés, *bonté :* l'accent *grave* (`) qui se met sur les *è* ouverts, *accès :* et l'accent *circonflexe* (^) qui se met sur la plupart des voyelles longues, *apôtre*.... L'accent aigu va de droite à gauche; l'accent grave de gauche à droite; l'accent circonflexe se forme de la réunion des deux autres, et a la figure d'un *v* renversé.

L'*y* grec s'emploie le plus souvent pour deux *ii*, comme dans *pays*, *moyen*, *joyeux*, qui se prononcent comme s'il y avoit *pai-is*, *moi-ien*, *joi-ieux*. Mais l'*y* n'a que la valeur de l'*i* simple, lorsqu'il est entre deux consonnes, comme dans ces mots dérivés du grec, *hymen*, *étymologie*, *hypocrisie*, *abyme :* prononcez *himen*, *étimologie*, *hipocrisie*, *abime*.

La lettre *h* est muette ou aspirée.

Elle est *muette*, lorsqu'elle ne se prononce pas, comme dans ces mots, *l'homme*, *l'honneur*, *l'histoire*, qu'on prononce comme s'il y avoit *l'omme*, *l'onneur*, *l'istoire*, ( sans *h* ).

Elle est *aspirée*, lorsqu'elle fait prononcer du gosier la voyelle qui la suit, comme dans ces mots qu'on écrit et qu'on prononce séparément, *le héros* et non pas *l'héros*, *la haine* et non pas *l'haine*. Ces mots, au pluriel, se prononcent sans aucune liaison avec la consonne précédente ; ainsi prononcez *les héros*, comme s'il y avoit *lé-héros*, et non pas *les zhéros*.

## DIVISION.

La langue *françoise* emploie dix sortes de mots, que l'on appelle les *parties du discours* ; savoir le *substantif*, l'*article*, l'*adjectif*, le *pronom*, le *verbe*, le *participe*, la *préposition*, l'*adverbe*, la *conjonction* et l'*interjection*.

Ces mots peuvent être considérés seuls et en eux-mêmes, ou rassemblés et mis en rapport les uns avec les autres ; ce qui partage naturellement l'art de parler en deux parties : la *lexicologie* et la *syntaxe*.

La manière d'écrire les mots, forme une troisième partie, celle de la *lexicographie* ou de l'*orthographe*. Nous allons suivre cette division. Ainsi, notre grammaire élémentaire comprendra trois parties. La *lexicologie*, la *syntaxe*, et l'*orthographe* ou la *lexicographie*.

# PREMIÈRE PARTIE.

## LA LEXICOLOGIE.

La *Lexicologie* consiste à expliquer tout ce qui concerne la connoissance des mots.

## CHAPITRE PREMIER.

### PREMIÈRE ESPÈCE DE MOTS.

#### *Le Substantif.*

Le *substantif* ou *nom* est un mot dont on se sert pour désigner une personne ou une chose.

On distingue le nom commun, le nom propre et le nom collectif.

Le nom *commun* ou *appellatif* est celui qui convient à toute une espèce. *Homme, fleuve, ville,* etc., sont des noms communs.

Le nom *propre* est celui qui ne convient qu'à un individu. *Napoléon, Julie, Seine, Paris,* etc., sont des noms propres.

Le nom *collectif* est celui qui exprime la collection ou réunion de plusieurs objets : *armée, forêt,* etc., sont des noms collectifs.

Les noms sont susceptibles de genre et de nombre.

Les *genres* servent à distinguer les classes dans lesquelles les objets sont compris. Il y a deux genres, le *masculin* et le *féminin*. C'est la distinction des deux sexes, qui a amené celle des objets en deux genres. Ainsi, un *homme* est du genre *masculin*; une *femme* est du genre *féminin*. Puis, par imitation, on a étendu cette distinction aux noms de choses. On a fait le *soleil* du genre *masculin*, la *lune* du genre *féminin*, etc.

Les *nombres* désignent ou l'unité ou la pluralité des objets : de là, deux nombres, le *singulier* qui indique un seul objet, comme un *homme*, le *livre*, etc.; le *pluriel* qui marque plusieurs objets, des *hommes*, les *livres*, etc.

*Formation du pluriel dans les Substantifs.*

RÈGLE GÉNÉRALE. Pour former le pluriel, on ajoute *s* à la fin du substantif : le *jardin*, les *jardins*, la *vertu*, les *vertus*, la *loi*, les *lois*, etc.

*Première remarque.* Les noms terminés au singulier par *s*, *x* ou *z*, n'ajoutent rien au pluriel : le *fils*, les *fils*; la *voix*, les *voix*; le *nez*, les *nez*.

*Deuxième remarque.* Les noms terminés au singulier par *au*, *eu*, *ou*, prennent *x* au pluriel : le *bateau*, les *bateaux*; le *feu*, les *feux*; le *caillou*, les *cailloux*. Cependant quelques noms en *ou*, se terminent au pluriel par *s* : le *clou*, les *clous* ; *le bijou*, *les bijous* ; le *sou*, les *sous* ; le *trou*, les *trous* ; le *matou*, les *matous* ; le *filou*, les *filous* ; le *cou*, les *cous*.

*Troisième remarque.* La plupart des noms terminés au singulier par *al*, *ail*, font leur pluriel en *aux* : le *mal*, les *maux* ; le *cheval*, les *chevaux* ; le *travail*, les *travaux* ; le *corail*, les *coraux* ; l'*émail*, les *émaux* ; le *bail*, les *baux* ; *bétail* fait au pl. *bestiaux* ; *ail* ( espèce d'oignon ) fait *aulx* : mais les mots suivants, le *régal*, le *bal*, prennent *s* au pluriel : les *régals*, les *bals* ; il en est de même de *détail*, *éventail*, *portail*, *gouvernail*, *camail*, *épouvantail*, *attirail*, *sérail*, qui font au pluriel *détails*, *éventails*, *portails*, *gouvernails*, *camails*, *épouvantails*, *attirails*, *sérails*. Le *travail* fait aussi au pluriel les *travails*, quand il signifie une machine de bois dans laquelle les maréchaux attachent les chevaux fougueux pour les ferrer. *Aïeul*, *ciel*, *œil*, font au pluriel *aïeux*, *cieux*, *yeux*. Cependant on dit au pluriel *aïeuls*, quand on veut désigner précisément le grand-père paternel et le maternel ; exemple : *ses deux* aïeuls *ont rempli les premières charges.* ( Acad. ) On dit et on écrit au pluriel *ciels*, quand ce mot désigne ou le haut d'un lit, ou la partie d'un tableau, qui représente l'air ; exemples : *ces ciels de lits ne sont pas assez hauts ; ce peintre fait bien les ciels.* (Acad.) Enfin, on dit au pluriel des *œils de bœuf*, en parlant de petites lucarnes faites en rond dans la couverture des maisons.

*Quatrième remarque.* On supprime vulgairement le *t* dans le pluriel des mots terminés en *ant* et en *ent.* Ainsi, l'on écrit les *enfans*, les *commencemens ;* et par exception, l'on conserve le *t* dans les monosyllabes, les *gants*, les *dents ;* mais il vaudroit mieux suivre les auteurs du siècle de Louis XIV, et sur-tout les écrivains de Port-Royal, et ne jamais supprimer le *t* au pluriel. Chénier, Domergue, etc., conservoient le *t*. M. Didot, dans ses belles éditions de nos auteurs classiques, suit cette orthographe.... Le mot *gent* s'écrit au pluriel *gens.* Quelques Grammairiens proposent d'écrire *gents.* L'œil s'accoutumeroit peut-être avec peine à cette orthographe.

*Cinquième remarque.* Les noms de métaux, pris dans un sens général, n'admettent point de pluriel. On ne dit point *les ors*, *les argents*, etc. Quand on dit *les fers*, *les cuivres*, on considère ces métaux comme mis en œuvre, et divisés en plusieurs parties.

*Sixième remarque.* Les noms propres, quand ils ne servent qu'à distinguer les personnes par leur nom, ne prennent point la marque du pluriel : *les deux Corneille se sont distingués dans la république des Let-*

*tres. — Il est peu de magistrats aussi anciens dans la robe que les* Nicolaï *et les* Lamoignon. *— C'est ainsi que se sont conduits les plus grands capitaines, tels que les* Scipion, *les* Turenne, *les* Maurice, etc. Mais quand on comprend dans ces noms toutes les personnes qui ressemblent à celles qui les ont portés, on les met au pluriel, parce qu'ils deviennent alors des noms communs. Exemples : *ces deux princes ont été les* Alexandres *de leur siècle. — Ils sont tous braves comme des* Césars. *— Tous les siècles n'enfantent pas des* Homères, *des* Virgiles, *des* Racines, etc. L'usage a consacré cette distinction.

*Septième remarque.* Plusieurs substantifs, pris du latin, s'écrivent au pluriel comme au singulier : tels sont les *accessit*, les *alibi*, les *alinéa*, les *duo*, les *errata*, les *opéra*, les *quiproquo*, les *zéro*, etc.

*Huitième remarque.* Quelques *adjectifs* se prennent quelquefois substantivement, comme dans *le beau, le vrai, l'utile, l'agréable*, etc. *Le beau vous touche ; le vrai seul est aimable ; joindre l'utile à l'agréable.* Ces substantifs ne sont point susceptibles de pluriel. Il en est de même des verbes pris substantivement : *le boire, le manger*, etc.

Quelques substantifs manquent de singulier ; tels sont les noms *ancêtres, funérailles, moeurs*, *obsèques*, *pleurs*, *ténèbres*, *vê-pres*, etc.

# CHAPITRE II.

## SECONDE ESPÈCE DE MOTS.

### *L'Article.*

*L'Article* est un petit mot qui se place devant les noms appellatifs, et les fait prendre dans une acception particulière. Par exemple, quand je dis: le *roi aime* le *peuple*, l'article *le* placé devant les substantifs *roi* et *peuple*, m'indique un *roi* particulier, un *peuple* particulier, que les circonstances du pays où je suis, ou bien du pays dont on parle, me font entendre.

Les articles sont *le*, *la*, *les*. L'article *le* se met devant les noms communs masculins, le *père*, le *rosier*; l'article *la* se met devant les noms communs féminins, la *mère*, la *rose*.

L'article *les* se met devant tous les noms pluriels, soit masculins, soit féminins, les *pères*, les *mères*, les *rosiers*, les *roses*. Ces trois articles *le*, *la*, *les* s'appellent articles *simples*.

On donne le nom d'articles *composés* à de petits mots formés d'un article simple et de l'une des deux prépositions *de* ou *à*. Ainsi, on dit *du* pour *de le*, l'eau du *fleuve*; on dit *des* pour *de les*, l'eau des *fleuves*; de

même, on dit *au* pour *à le*, puiser de l'eau
au *fleuve* ; *aux* pour *à les*, puiser de l'eau
aux *fleuves*, aux *rivières*; *du*, *des*, *au*,
*aux*, sont des articles *composés*.

*Remarque.* On retranche *e* dans l'article
*le*, et *a*, dans l'article *la*, quand le mot suivant commence par une voyelle ou une *h*
muette. Ainsi, on dit l'*ami* pour le *ami*,
l'*horloge* pour la *horloge* : mais alors on met
à la place de la lettre retranchée cette petite
figure ( ' ), que l'on appelle une *apostrophe.*

# CHAPITRE III.

### TROISIÈME ESPÈCE DE MOTS.

## *L'Adjectif.*

L'*adjectif* est un mot qui donne une qua-
lification au substantif ; il désigne la qualité
ou la manière d'être de la personne ou de la
chose.

Tout adjectif suppose un substantif : car
il faut être, pour être tel.

.Les adjectifs suivent les deux genres, le
*masculin* et le *féminin.*

*Formation du Féminin dans les Adjectifs.*

RÈGLE GÉNÉRALE. Quand un adjectif ne
finit point par un *e* muet, on y ajoute un *e*
muet pour former le féminin : *prudent, pru-
dente ; saint, sainte ; méchant, méchante ;
petit, petite ; poli, polie ; vrai, vraie ;*

*nu*, *nue*, etc. Il y a beaucoup d'exceptions.

*Première exception*. Les adjectifs suivants : *blanc*, *franc*, *sec*, font au féminin, *blanche*, *franche*, *sèche*; *public*, *caduc*, *turc*, font *publique*, *caduque*, *turque*; *grec* fait *grecque*.

*Deuxième exception*. Les adjectifs en *f* font leur féminin en *ve*. Exemples : *bref*, *brève*; *naïf*, *naïve*; *vif*, *vive*; *neuf*, *neuve*.

*Long* fait *longue*; *favori* fait *favorite*.

*Troisième exception*. Un grand nombre d'adjectifs doublent, au féminin, leur dernière consonne, en prenant un *e* muet.

1°. Les adjectifs terminés en *l*, comme *cruel*, *cruelle*; *éternel*, *éternelle*; *pluriel*, *plurielle*; *vermeil*, *vermeille*; *pareil*, *pareille*; *gentil*, *gentille*; *nul*, *nulle*, etc. Il en est de même de *beau*, *nouveau*, *fou*, *mou*, *vieux*, qui ont au féminin, *belle*, *nouvelle*, *folle*, *molle*, *vieille*, parce qu'au masculin on dit aussi *bel*, *nouvel*, *fol*, *mol*, *vieil*, devant un nom qui commence par une voyelle ou par une *h* muette; un *bel homme*, un *nouvel appartement*, un *fol espoir*, un *mol abandon*, un *vieil habit*. Mais les adjectifs en *al* forment leur féminin régulièrement : *filial*, *filiale*; *vénal*, *vénale*; *national*, *nationale*, etc..... Il en est de même des huit adjectifs suivants, *sextil*, *bissextil*, *civil*, *incivil*, *subtil*, *vil*, *viril* et *volatil*

( terme de chimie ), qui font au féminin, *sextile*, *bissextile*, *civile*, *incivile*, *subtile*, *vile*, *virile*, *volatile.......* *Fidelle* et *tranquille* s'écrivent avec deux *l*, soit au masculin, soit au féminin ; *mari fidelle*, *épouse fidelle* ( Acad. ) ; *sommeil tranquille*, *ame tranquille*. (Acad.)

2°. Les adjectifs terminés en *n*, comme *bon*, *bonne* ; *ancien*, *ancienne* ; *chrétien*, *chrétienne* ; *païen*, *païenne*, etc. Mais *musulman* fait *musulmane* ; *mahométan* fait *mahométane* ; *malin* et *bénin* font *maligne* et *bénigne* ; *masculin*, *féminin*, font *masculine*, *féminine*, etc.

3°. Les adjectifs terminés en *s*, comme *épais*, *épaisse* ; *gros*, *grosse* ; *gras*, *grasse* ; *las*, *lasse*, etc. Cependant, *ras* fait *rase* ; *mauvais*, *niais*, font *mauvaise*, *niaise* ; *frais* fait *fraîche* ; *tiers* fait *tierce*.

4°. Les adjectifs terminés en *t*. Exemples : *net*, *nette* ; *muet*, *muette* ; *sujet*, *sujette* ; *replet*, *replette* ; *douillet*, *douillette* ; *sot*, *sotte*, etc. Mais *discret*, *secret*, *inquiet*, *complet*, font *discrète*, *secrète*, *inquiète*, *complète* ; *dévot*, *bigot*, font *dévote*, *bigote*.

Quatrième exception. Les adjectifs en *eur* font ordinairement leur féminin en *euse* : *trompeur*, *trompeuse* ; *flatteur*, *flatteuse* ; *menteur*, *menteuse*. Cependant les adjectifs qui expriment une comparaison forment leur féminin régulièrement. *Meilleur*, *meilleure* ;

*supérieur ; supérieure ; antérieur , anté-
rieure ,* etc.

*Cinquième exception.* Les adjectifs terminés en *x* , changent *x* en *se ; honteux , hon-
teuse ; dangereux , dangereuse ; jaloux ,
jalouse ,* etc. Mais *doux* fait *douce ; roux*
fait *rousse ; faux* fait *fausse.*

Les adjectifs prennent aussi les deux nombres, le *singulier* et le *pluriel.*

*Formation du pluriel dans les adjectifs.*

RÈGLE. Le pluriel, dans les adjectifs , se
forme comme dans les substantifs, en ajoutant *s* à la fin : *bon , bonne ;* au pluriel, *bons ,
bonnes.*

Les adjectifs dont le masculin se termine
en *au* et en *ou* , prennent *x* au pluriel; *beau ,
beaux ; fou , foux ;* mais *bleu* fait au pluriel
*bleus :* des *yeux bleus.* (Acad.)

Les adjectifs en *al* font leur pluriel en
*aux ; égal , égaux ; national , nationaux.*
Mais un grand nombre d'adjectifs qui finissent par *al* , n'ont pas de pluriel masculin ,
comme *filial , fatal , frugal , pascal , pas-
toral , naval , trivial , vénal , littéral ,
conjugal , austral , boréal , final.* . . . . .
Ainsi, l'on ne peut pas mettre au pl. les phrases
suivantes : *un combat naval ; un cœur vénal ; l'amour filial ,* etc. , parce que les adjectifs *naval , vénal , filial ,* etc. ne peuvent
jamais être joints à des substantifs masculins

pluriels. On cherche alors à substituer aux substantifs masculins, des substantifs féminins qui leur soient synonymes. On dit, par exemple, *des batailles navales, des ames vénales, des tendresses filiales*, etc., ou bien l'adjectif lui-même se remplace par un synonyme, *un coup fatal, des coups funestes*, etc. L'adjectif *châtain* ne prend point la marque du pluriel, quand il est suivi d'un autre adjectif qui le modifie. Ainsi on écrit des *cheveux châtains*, et des *cheveux châtain clair*. (Acad.) Le mot *aigre*, dans l'adjectif *aigre-doux*, ne prend point le pluriel; des oranges *aigre-douces*. (Acad.) L'adjectif masculin *tout* s'écrit ordinairement au pluriel *tous*; il vaudroit mieux écrire *touts*, suivant la règle générale de la formation du pluriel dans les substantifs et les adjectifs.

### *Des différentes sortes d'adjectifs.*

Il y a autant de sortes d'*adjectifs* qu'il y a de sortes de qualités, de manières, et de relations que notre esprit peut considérer dans les objets.

Nous ne connoissons point les substances en elles-mêmes, nous ne les connoissons que par les impressions qu'elles font sur nos sens, et alors nous disons que les objets sont *tels*, selon le sens que ces impressions affectent. Si ce sont les yeux qui sont affectés, nous disons que l'objet est coloré, qu'il est ou *blanc*, ou *noir*, ou *rouge*, ou *bleu*, etc. Si c'est le goût, le corps est ou *doux*, ou *amer*, ou *aigre*, ou *fade*, etc. ; si c'est le tact, l'objet est ou *rude* ou *poli*, ou *dur*, ou *mou*; *gras*, *huileux*, ou *sec*, etc.

Lorsque ce sont les impressions que les objets physiques font sur nos sens, qui nous font donner à ces objets les diverses qualifications de *blanc*, *noir*, *doux*, *fade*, etc., ces sortes d'adjectifs sont des adjectifs *physiques*.

Si notre ame considère des êtres métaphysiques ou abstraits, et qu'elle les qualifie en conséquence des rapports qu'elle y découvre, les adjectifs qui expriment ces sortes de considérations ou vues, sont des adjectifs *métaphysiques*. Par exemple, si deux hommes arrivent à une allée d'arbres, l'un par un bout, l'autre par le bout opposé, chacun de ces hommes regardant les arbres de cette allée, dit : *voilà le premier*; de sorte que l'arbre que chacun de ces hommes appelle *le premier*, est le *dernier*, par rapport à l'autre homme. Ainsi, *premier*, *dernier*, et tous les adjectifs d'ordre, sont des adjectifs *métaphysiques* : ce sont des adjectifs de relation. Il en est de même des adjectifs de nombre cardinal, tels que *deux*, *trois*, etc., ce sont des adjectifs *métaphysiques* qui qualifient une collection d'individus. *Mon*, *ma*, *mes*, *son*, *sa*, *ses*, etc. sont pareillement des adjectifs *métaphysiques*, qui désignent un rapport d'appartenance ou de propriété, et non une qualité physique et permanente des objets. *Grand* et *petit* sont encore des adjectifs *métaphysiques :* car, un corps, quel qu'il soit, n'est ni grand ni petit en lui-même ; il n'est appelé *tel* que par rapport à un autre corps.

Les adjectifs *métaphysiques* sont en très-grand nombre ; nous ne traiterons particulièrement que des adjectifs *possessifs,* des adjectifs *démonstratifs,* et des adjectifs *numéraux.*

## Adjectifs possessifs.

Les adjectifs *possessifs* sont ceux qui servent à marquer la possession de la chose dont on parle, comme *mon* livre, *votre* cheval, *son* chapeau, etc.

| SINGULIER. | | PLURIEL. |
|---|---|---|
| *Masculin.* | *Féminin.* | *Des deux genres.* |
| Mon. | Ma. | Mes. |
| Ton. | Ta. | Tes. |
| Son. | Sa. | Ses. |
| Notre. | Notre. | Nos. |
| Votre. | Votre. | Vos. |
| Leur. | Leur. | Leurs. |

*Remarque. Mon, ton, son,* s'emploient au féminin devant une voyelle ou une *h* muette : on dit *mon* ame pour *ma* ame ; *ton* humeur pour *ta* humeur, *son* épée pour *sa* épée.

## Adjectifs démonstratifs.

Les adjectifs *démonstratifs* sont ceux qui servent à montrer la chose dont on parle, comme quand je dis : *ce* livre , *cette* table ; je montre un *livre*, une *table*.

| SINGULIER. | | PLURIEL. |
|---|---|---|
| *Masculin.* | *Féminin.* | *Des deux genres.* |
| Ce, cet. | Celle. | Ces. |

*Remarque.* On met *ce* devant les noms qui commencent par une consonne ou une *h* aspirée : *ce* village, *ce* hameau.

### Adjectifs numéraux.

Les adjectifs *numéraux* sont ceux qui indiquent des rapports aux nombres.

Il y en a de deux sortes : les adjectifs de nombre *cardinal*, et les adjectifs de nombre *ordinal.*

Les adjectifs de nombre *cardinal* sont *un, deux, trois, quatre, cinq, six, sept, huit, neuf, dix, onze, douze, treize, quatorze, quinze, seize, dix-sept, dix-huit, dixneuf, vingt, trente, quarante, cinquante, soixante, quatre-vingt, cent, mille*, etc.

Les adjectifs de nombre *ordinal*, se forment des cardinaux ; ce sont : *premier, second, troisième, quatrième, cinquième, sixième, septième, huitième, neuvième, dixième*, etc.

*Remarque.* De même que des adjectifs peuvent devenir des substantifs, ainsi que nous l'avons dit; de même, certains substantifs peuvent devenir des adjectifs. Par exemple , dans cette phrase : *Napoléon est empereur*; *empereur* qualifie Napoléon ; donc empereur est adjectif. Mais, dans cette phrase, *l'Empereur est à St.-Cloud ; le empereur* désigne un individu : c'est donc un substantif. Les noms deviennent donc adjectifs, c'est-à-dire, sont pris *adjectivement* , lorsqu'ils qualifient, lorsqu'ils modifient. Il en est de même des substantifs, *père , sénateur , général* , dans ces phrases : *Êtes-vous père ? Êtes-vous sénateur ? Êtes-vous général ?*

*Degrés de signification dans les adjectifs.*

Les objets peuvent être qualifiés ou *absolument* , sans aucun rapport à d'autres objets, ou *relativement* , c'est-à-dire, par rapport à d'autres.

1°. Lorsque l'on qualifie un objet absolument , l'adjectif qualificatif est dit être au *positif*. Ce premier degré est appelé *positif* , parce qu'il est comme la première pierre qui est posée pour servir de fondement aux autres degrés de signification. Dans ces phrases : *César étoit vaillant ; le soleil est brillant ;* vaillant et brillant sont au *positif*.

2°. Lorsque l'on compare un objet avec un autre, il peut en résulter un rapport d'*égalité* , ou un rapport de *supériorité* , ou un rapport d'*infériorité ;* ce qui forme trois sortes de comparatifs. Le *comparatif* est le second degré de signification.

B

Le rapport *d'égalité* se marque par les adverbes *autant que, aussi que,* etc. *César étoit* aussi *brave* qu'*Alexandre l'avoit été ; si nous étions plus proche des étoiles, elles nous paroîtroient* aussi *brillantes* que *le soleil ; aux équinoxes, les nuits sont* aussi *longues* que *les jours.*

Le rapport de *supériorité* se marque en mettant l'adverbe *plus* devant l'adjectif, et la conjonction *que* après : *le soleil est* plus *brillant* que *la lune.*

Le rapport *d'infériorité* se marque en mettant les adverbes *moins, pas si* devant l'adjectif, et la conjonction *que* après : *l'état des lettres fut* moins *brillant, ne fut* pas si *brillant sous Louis XV,* qu'*il l'avoit été sous Louis XIV.*

Nous avons trois *comparatifs* qui s'expriment en un seul mot : *meilleur* au lieu de *plus bon,* qui ne se dit point ; *moindre* au lieu de *plus petit ; pire,* au lieu de *plus mauvais : la vertu est* meilleure *que la science ; vos chagrins sont* moindres *que les miens ; le remède est* pire *que le mal.*

3°. Enfin, le troisième degré de signification est appelé *superlatif,* et il marque la qualité portée au suprême degré.

Il y a deux sortes de superlatifs, 1°. le superlatif *absolu* qui se forme avec le mot *très,* ou avec *fort, extrêmement ;* et quand il y a admiration avec *bien : cet enfant est* bien

*raisonnable. Très* vient d'un adverbe latin
*ter* , qui signifie *trois fois ;* très-grand ,
c'est-à-dire , *trois fois grand. Fort* est un
abrégé de *fortement.*

2°. Le superlatif *relatif* qui marque un
rapport à d'autres objets , et s'exprime en
mettant devant le comparatif les articles *le* ,
*la , les : le lion est* le *plus courageux des
animaux ; cette femme est* la *plus vertueuse
que je connoisse ; ce sont les hommes* les
*plus sages de l'assemblée.* Les adjectifs *possessifs* placés devant le *comparatif* , marquent aussi le superlatif relatif : mon *meilleur ami ;* votre *plus fidelle sujet ;* son *moindre souci ;* nos *plus grands intéréts ;* vos
*plus cruels ennemis ;* ses *plus vifs re-
grets* , etc.

# CHAPITRE IV.

## QUATRIÈME ESPÈCE DE MOTS.

### *Du Pronom.*

LE *pronom* est un mot qui se met à la
place du nom.

On distingue les pronoms en *personnels ,
possessifs , démonstratifs , relatifs , absolus* ou *interrogatifs* et *indéfinis.*

### *Pronoms personnels.*

Les pronoms *personnels* sont ceux qui désignent les personnes.

Il y a trois personnes : la première est celle qui parle ; la seconde est celle à qui l'on parle ; et la troisième est celle de qui l'on parle.

### Pronom de la première personne.

Ce pronom est des deux genres : masculin, si c'est un homme qui parle ; féminin, si c'est une femme.

Singulier. *Je* ou *moi*.

On dit *me* pour *à moi*, *moi*. Exemples : Vous *me* donnez un sage conseil, c'est-à-dire, vous donnez *à moi*. Vous *me* surprenez, c'est-à-dire, vous surprenez *moi*.

Pluriel. *Nous*.

### Pronom de la seconde personne.

Il est aussi des deux genres : masculin, si c'est à un homme qu'on parle ; féminin, si c'est à une femme.

Singulier. *Tu* ou *toi*.

On dit *te* pour *à toi*, *toi*. Exemples : Je *te* donne un sage conseil, c'est-à-dire, je donne *à toi*. Je *te* prie, c'est-à-dire, je prie *toi*.

Pluriel. *Vous*.

*Remarque.* Par politesse, on dit *vous* au lieu de *tu* au singulier ; par exemple, en parlant à une dame : *vous* êtes bien aimable.

### Pronom de la troisième personne.

*Il*, *elle*, *ils*, *elles*, *lui*, *leur*, *eux*, *soi*.
On dit *lui* pour *à lui*, *à elle*. Exemples :

Vous *lui* parlerez, c'est-à-dire, vous parlerez *à lui*, *à elle*.

On dit *leur* pour *à eux*, *à elles*. Exemple : Vous *leur* parlerez, c'est-à-dire, vous parlerez *à eux*, *à elles*.

On dit *se* pour *à soi*, *soi*. Exemples : Il *se* fait un devoir, c'est-à-dire, il fait *à soi*. Il *se* perd, c'est-à-dire, il perd *soi*. Les Grammairiens appellent *pronom réfléchi* le pronom *se*, *soi*, parce qu'il marque le rapport d'une personne ou d'une chose à elle-même.

## *Pronoms possessifs.*

Les pronoms *possessifs* marquent la possession des choses.

| SINGULIER. | | PLURIEL. | |
|---|---|---|---|
| *Masculin.* | *Féminin.* | *Masculin.* | *Féminin.* |
| Le mien. | La mienne. | Les miens. | Les miennes. |
| Le tien. | La tienne. | Les tiens. | Les tiennes. |
| Le sien. | La sienne. | Les siens. | Les siennes. |
| | | *Des deux genres.* | |
| Le nôtre. | La nôtre. | Les nôtres. | |
| Le vôtre. | La vôtre. | Les vôtres. | |
| Le leur. | La leur. | Les leurs. | |

*Remarque.* Les mots *mon*, *ton*, *son*, *ma*, *ta*, *sa*, *mes*, etc., sont regardés mal à propos par quelques Grammairiens, comme des pronoms possessifs. Ces mots sont toujours joints à un nom, et il n'y a de véritables pronoms que les mots qui tiennent la place des noms.

## *Pronoms démonstratifs.*

Les pronoms *démonstratifs* sont ceux qui servent à montrer les choses dont on parle.

| SINGULIER. | | PLURIEL. | |
|---|---|---|---|
| Masculin. | Féminin. | Masculin. | Féminin. |
| Celui. | Celle. | Ceux. | Celles. |
| Celui-ci. | Celle-ci. | Ceux-ci. | Celles-ci. |
| Celui-là. | Celle-là. | Ceux-là. | Celles-là. |
| Ce, ceci, cela. | | | |

*Celui-ci, celle-ci,* s'emploient pour montrer des choses qui sont proches : *celui-là, celle-là,* pour montrer des choses éloignées.

## *Pronoms relatifs.*

Les pronoms *relatifs* sont ceux qui ont rapport à un nom ou à un autre pronom qui les précède, et qu'on appelle *antécédent.* Comme quand je dis, *Dieu* qui *a créé le monde : qui* se rapporte à *Dieu ; le livre* que *je lis : que* se rapporte à *livre. Dieu* est l'*antécédent* du pronom relatif *qui ; livre* est l'*antécédent* du pronom relatif *que.* Les pronoms *qui, que,* sont des deux genres et des deux nombres.

| SINGULIER. | | PLURIEL. | |
|---|---|---|---|
| Masculin. | Féminin. | Masculin. | Féminin. |
| Lequel. | Laquelle. | Lesquels. | Lesquelles. |

On dit *duquel* pour *de lequel. Le moyen* duquel *il s'est servi.* On dit *auquel* pour *à lequel. Je m'adresserai* auquel *il vous plaira.* On dit *auxquels* pour *à lesquels. Les amis* auxquels *il s'est adressé.*

On se sert de *dont* au lieu de *duquel, de laquelle, desquels,* et *desquelles.* Exemples : *Dieu,* dont *nous admirons les œuvres. La nature,* dont *nous ignorons les secrets. Les pays* dont *nous n'avons point de connoissance. Les affaires* dont *vous m'avez rendu compte.*

*Quoi* est aussi un pronom relatif des deux genres et des deux nombres. Exemples : *C'est un vice* à quoi *il est sujet. Ce sont des choses* à quoi *vous ne prenez pas garde.*

*Même* est pronom relatif quand il désigne une personne ou une chose dont il vient d'être question, comme en parlant d'un homme : *le même m'est venu voir;* et en parlant d'une affaire : *je travaille toujours à la même.*

*Le, la, les,* sont des pronoms relatifs, dont le premier est pour le genre masculin, le second pour le féminin, le troisième pour les deux genres, au pluriel. *Voilà un bon livre, lisez-*le. *Vous avez la gazette, donnez-*la *moi. Quand vous aurez des nouvelles, vous me* les *ferez savoir.*

*Le* s'emploie aussi pour *cela,* et il est alors relatif à un adjectif ou à un verbe qui précède, et n'a ni pluriel ni féminin. *Ma fille et ma nièce ont été enrhumées,* et le *sont encore. Il faut obliger les autres, autant qu'on* le *peut.*

Enfin, il y a deux mots qui sont encore des pronoms relatifs, savoir., *en* et *y.*

*En* sert à désigner une personne ou une chose dont on vient de parler. Exemples : *Cette affaire est délicate , le succès* en *est douteux ;* c'est-à-dire , le succès d'elle , de cette affaire est douteux. *Cette maladie est dangereuse , il pourroit bien* en *mourir. Vient-il de la cour? oui , il* en *vient.*

*Y* signifie à cela , à cet homme-là , en cet endroit-là. Exemples : *J'y répondrai dans la suite. C'est un honnête homme , fiez-vous-y. Voulez-vous y aller? J'y passerai ,* etc.

### Pronoms interrogatifs.

Les pronoms *interrogatifs* ou *absolus* sont ceux qui servent à interroger.

*Qui , que , quoi.*

On connoît que ces pronoms sont interrogatifs, quand ils n'ont point d'antécédent , et qu'on peut les changer en *quelle personne ,* ou *quelle chose.*

### EXEMPLES.

Qui *oseroit ?* etc.
Que *faites-vous là ?*
*A* quoi *pensez-vous ?*

### Pronoms indéfinis.

Les pronoms *indéfinis* sont ceux qui ont

une signification générale et indéterminée, comme *on, quiconque, chacun, nul, aucun, pas un, tel, qui que ce soit,* etc.

*EXEMPLES.*

On *frappe à la porte.*
Quiconque *passe par là, doit payer tant.*
Chacun *sent son mal.*
Nul *ne sait s'il est digne d'amour ou de haine.*
Aucun *n'est venu.*
Pas un *ne le croit.*
Tel *qui rit vendredi, dimanche pleurera.*
Qui que ce soit *qui vienne,* etc.

Les mots *uns, autres,* sont aussi des pronoms indéfinis, quand ils sont employés seuls, comme dans cette phrase : *les* uns *sont de cet* avis, *les* autres *n'en sont point.*

# CHAPITRE V.

### CINQUIÈME ESPÈCE DE MOTS.

## *Le Verbe.*

LE *verbe* est un mot dont le principal usage est de signifier l'affirmation. Ainsi, quand on dit, *la vertu est aimable,* le mot *vertu* exprime le sujet auquel on affirme que convient la qualité d'*aimable,* et le verbe *est* forme cette affirmation ; et, quand on dit, *le vice n'est pas aimable,* on affirme que la qualité d'*aimable* ne convient pas au vice.

5

Il n'y a qu'un seul verbe, savoir, le verbe *être*, parce qu'il n'y a que lui seul qui exprime l'affirmation. Sans lui, les mots ne présentent point de jugement, mais seulement des idées décousues et détachées. Mais ce verbe unique ne se montre pas toujours sous cette forme si simple. Pour abréger le discours, on a inventé des mots qui renferment tout à la fois le verbe *être* et *l'attribut*, c'est-à-dire, la qualité que l'on affirme de l'objet dont on parle : de là, ces mots, *aimer*, *haïr*, *raisonner*, auxquels on a donné avec raison le nom de *verbes*, puisqu'ils renferment le verbe. *Il aime* équivaut à *il est aimant; tu hais* est mis pour *tu es haïssant*, etc. Le verbe *être* s'appelle verbe *substantif*. Les verbes qui contiennent le verbe *être* et *l'attribut*, s'appellent verbes *adjectifs*.

Les verbes se divisent donc d'abord en verbes *substantifs* et en verbes *adjectifs*. Il n'y a qu'un seul verbe *substantif*, le verbe *être;* tous les autres verbes, *aimer*, *sortir*, *apercevoir*, *entreprendre*, etc. sont des verbes *adjectifs*.

Les verbes *adjectifs* se subdivisent en verbes *actifs*, *passifs*, *neutres*, *réfléchis*, *réciproques*, *pronominaux* et *unipersonnels*.

On appelle verbes *actifs* ceux qui expriment une action dont l'objet est énoncé ou sous-entendu : ainsi, dans les phrases, *aimer Dieu*, *servir son ami*, *bâtir une maison*, les verbes *aimer, servir, bâtir,* sont des verbes *actifs. Dieu, ami, maison,* sont les objets de l'action que ces verbes expriment. L'objet de l'action que marque un verbe, s'appelle le *régime* ou *complément* de ce verbe. Dans cet exemple *,j'aime Dieu, Dieu* est le *régime* ou *complément* du verbe *j'aime.* On connoît le régime ou complément d'un verbe, en mettant après ce verbe les pronoms interrogatifs *qui* ou *quoi.* J'aime, *qui?* Réponse, *Dieu.* Je bâtis, *quoi?* Rép. une *maison. Dieu* est le régime du verbe *j'aime; maison* est le régime du verbe je *bâtis.*

Le régime d'un verbe actif se place ordinairement après le verbe ( quand ce n'est pas un pronom.) Ex. *j'aime mon père; ma sœur sait sa leçon.* Mais le régime se place avant le verbe, quand ce régime est un pronom. Ex. *je t'aime,* pour *j'aime toi; il nous aime,* pour *il aime nous.*

Outre ce premier régime qu'on appelle *direct* ou *simple,* certains verbes actifs peuvent avoir un second régime, qu'on appelle *indirect* ou *composé :* ce second régime se marque par les mots *à* ou *de :* comme *donner un prix à l'enfant ; enseigner la grammaire à l'enfant; écrire une lettre à son ami;* à *l'enfant,* est le régime indirect des verbes *donner, enseigner ; à son ami,* est le régime indirect du verbe *écrire. Accuser quelqu'un* de *mensonge ; avertir quelqu'un* d'*une faute ; délivrer quelqu'un* du *danger : de mensonge*, est le régime indirect du verbe *accuser*, etc.

Le verbe *passif* est celui dont le sujet reçoit ou supporte l'action marquée par le verbe. Pour former le verbe passif, il faut prendre l'*objet* de l'action exprimée par le verbe actif, et en faire le *sujet* qui reçoive l'action que marque le verbe passif. Ainsi, pour mettre au passif, le verbe *brûler* de cette phrase : *le feu brûle le bois*, dites : *le bois est brûlé par le feu*.

On appelle *neutres*, les verbes qui expriment un état, ou bien une action qui ne tombe pas directement sur un objet. Ainsi, *dormir* est un verbe neutre, parce que ce verbe exprime un état. *Partir* est un verbe neutre ; car ce verbe exprime une action qui ne sort pas du sujet qui la fait. *Nuire* est un verbe neutre, parce qu'il marque une action qui ne peut pas tomber directement sur un objet. On ne peut pas dire, *nuire quelqu'un*, *nuire quelque chose*. Les verbes *neutres* sont ainsi appelés, parce qu'ils ne sont ni *actifs* ni *passifs*. Plusieurs ont un régime indirect, marqué par *à* ou *de : nuire* à *la santé ; médire* de *quelqu'un*.

On appelle verbes *réfléchis* ceux qui expriment soit l'action d'un sujet qui agit sur lui-même, comme, *se conduire, se défendre ;* soit une action faite par le sujet, et qui aboutit seulement à lui, comme, *je me fais une loi*, c'est-à-dire, *je fais à moi une loi*. Dans le premier cas, les pronoms *me*, *te*, *se*, *nous*, *vous*, sont en régime direct; dans le second cas, ces pronoms sont en régime indirect.

On appelle verbes *réciproques* ceux qui expriment l'action de plusieurs sujets qui agissent respectivement les uns sur les autres de la même manière, comme: *ces deux hommes se battoient et se disoient des injures. Tous les hommes doivent s'entr'aider.*

On a nommé verbes *pronominaux* ceux qui, se conjuguant avec des pronoms de la même personne, n'expriment ni l'action qu'un sujet fait sur lui-même, ni une action qui aboutit au sujet, ni même une action faite par le sujet. Si l'on dit: *Cette maison se loue trop cher*, l'action de *louer* ne tombe point sur le sujet *maison*, parce que la maison ne peut se louer elle-même. Cette action n'aboutit pas à *maison*, puisque *se* n'est pas pour *à soi;* elle n'est pas non plus faite par le sujet, puisqu'on ne peut pas dire d'une *maison*, qu'elle *loue*. Le verbe *se louer* a donc une signification passive, et la phrase équivaut à celle-ci: *Cette maison est louée trop cher.*

Le verbe *unipersonnel* est celui qui ne s'emploie qu'à la 7e. personne du singulier; comme, *il importe, il faut, il pleut, il y a,* etc.

Les verbes se divisent encore en verbes *réguliers*, en *irréguliers*, et *défectifs*.

Les verbes *réguliers* sont ceux dont les terminaisons, dans les temps primitifs et dans les temps dérivés, sont exactement conformes à celles du verbe qui leur sert de modèle.

Les verbes *irréguliers* ou *anomaux* sont ceux auxquels les terminaisons du verbe qui leur sert de modèle, ne conviennent point dans tous les temps primitifs ou dérivés.

Les verbes *défectifs* sont ceux auxquels il manque certains temps ou certaines personnes que l'usage n'admet point.

Cette division sera éclaircie à l'article des conjugaisons.

Enfin, les Grammairiens ont nommé verbes *auxiliaires*, deux verbes qui aident à conjuguer les autres ; ce sont le verbe *être* et le verbe *avoir*.

Le verbe *être* est donc tantôt verbe *substantif*, et tantôt verbe *auxiliaire*. Il est verbe *substantif*, lorsqu'il n'est point suivi du participe passé d'un autre verbe, comme dans, *je suis sincère* ; il est verbe *auxiliaire*, lorsqu'il est suivi du participe passé d'un autre verbe, comme dans *je suis sorti*.

De même, le verbe *avoir* est tantôt verbe *adjectif*, et tantôt verbe *auxiliaire*. Il est verbe *adjectif*, lorsqu'il n'accompagne point le participe passé d'un autre verbe, comme, *il a de l'esprit*. Il est verbe *auxiliaire*, lorsqu'il se trouve joint au participe passé d'un autre verbe, comme, *il a joué, il a perdu*.

Le sujet qui fait ou reçoit l'action que le verbe exprime, s'appelle le *nominatif* de ce verbe. Dans ces phrases, *Dieu voit tout ; le travail conduit à la félicité ;* Dieu est le *nominatif* du verbe *voit ;* le *travail* est le nominatif du verbe *conduit*. Pour trouver le nominatif d'un verbe, il faut placer devant ce verbe l'interrogation, *qui est-ce qui ?* La réponse à cette question marque le nominatif. Ainsi, dans la phrase *Dieu voit tout*, si je demande *qui est-ce qui* voit ? la réponse est *Dieu*. Donc *Dieu* est le nominatif du verbe *voit*.

Les nominatifs des verbes sont ou des noms ou des pronoms.

Les pronoms que l'on emploie pour servir de *nominatifs* aux verbes, sont les pronoms personnels, *je, tu, il, elle, nous, vous, ils, elles*. On connoît même qu'un mot est un verbe, quand on peut le faire précéder de ces pronoms ; comme j'*écris*, tu *écris*, il *écrit*, nous *écrivons*, vous *écrivez*, ils, elles *écrivent*.

Les pronoms *je, nous*, marquent la première personne, c'est-à-dire, celle qui parle ; *tu, vous*, marquent la seconde personne, c'est-à-dire, celle à qui l'on parle ; *il, elle, ils, elles*, et tout nom placé devant un verbe, marquent la troisième personne, celle de qui l'on parle.

Il y a dans les verbes deux nombres ; le *singulier*, quand on parle d'une seule personne, comme *je lis, l'enfant dort :* le *pluriel*, quand on parle de plusieurs personnes, comme *nous lisons, les enfants dorment.*

Il y a trois temps, le *présent*, qui marque que la chose est ou se fait actuellement, comme *je lis ;* le *passé* ou *prétérit*, qui marque que la chose a été faite, comme *j'ai lu ;* le *futur*, qui marque que la chose sera ou se fera ; comme *je lirai.*

On distingue plusieurs sortes de prétérits ou passés, savoir : un *imparfait, je lisois ;* trois *parfaits, je lus, j'ai lu, j'eus lu ;* et un *plusque-parfait, j'avois lu.*

On distingue aussi deux futurs : le futur *simple, je lirai ;* et le futur *composé* ou *passé, j'aurai lu.*

Il y a cinq modes ou manières de signifier dans les verbes.

1°. L'*indicatif*, quand on affirme que la chose est, ou qu'elle a été, ou qu'elle sera.

2°. Le *conditionnel*, quand on dit qu'une chose seroit, ou qu'elle auroit été, moyennant une condition.

3°. L'*impératif*, quand on commande de la faire.

4°. Le *subjonctif*, quand on souhaite, ou qu'on doute qu'elle se fasse.

5°. L'*infinitif*, qui exprime l'action ou l'état en général, sans nombres ni personnes, comme *lire*, *être*.

Écrire ou réciter de suite les différents modes d'un verbe avec tous leurs temps, leurs nombres et leurs personnes, cela s'appelle *conjuguer*.

Il y a quatre conjugaisons différentes, que l'on distingue par la terminaison du présent de l'infinitif.

La première conjugaison a l'infinitif terminé en *er*, comme *chanter*.

La seconde a l'infinitif terminé en *ir*, comme *bénir*.

La troisième a l'infinitif terminé en *oir*, comme *apercevoir*.

La quatrième a l'infinitif terminé en *re*, comme *répandre*.

Nous commencerons par les deux verbes *auxiliaires*.

---

*Verbe auxiliaire* AVOIR.

| INDICATIF. | | |
|---|---|---|
| PRÉSENT. | | |
| *Sing.* J'ai. | *Plur.* | Il *ou* elle a. |
| Tu as (1). | | Nous avons. |
| | | Vous avez. |
| | | Ils *ou* elles ont. |

---

(1) Toutes les secondes personnes du singulier ont une *s* à la fin, excepté à l'impératif des verbes de la première conjugaison et de quelques-uns de la seconde.

### IMPARFAIT.

J'avois.
Tu avois.
Il *ou* elle avoit.
Nous avions.
Vous aviez.
Ils *ou* elles avoient.

### PRÉTÉRIT DÉFINI.

J'eus.
Tu eus.
Il *ou* elle eut.
Nous eûmes.
Vous eûtes.
Ils *ou* elles eurent.

### PRÉTÉRIT INDÉFINI (1).

J'ai eu.
Tu as eu.
Il *ou* elle a eu.
Nous avons eu.
Vous avez eu.
Ils *ou* elles ont eu.

### PRÉTÉRIT ANTÉRIEUR.

J'eus eu.
Tu eus eu.
Il *ou* elle eut eu.
Nous eûmes eu.
Vous eûtes eu.
Ils *ou* elles eurent eu.

### PLUSQUE-PARFAIT.

J'avois eu.
Tu avois eu.
Il *ou* elle avoit eu.
Nous avions eu.
Vous aviez eu.
Ils *ou* elles avoient eu.

### FUTUR SIMPLE.

J'aurai.
Tu auras.
Il *ou* elle aura.
Nous aurons.
Vous aurez.
Ils *ou* elles auront.

### FUTUR COMPOSÉ.

J'aurai eu.
Tu auras eu.
Il *ou* elle aura eu.
Nous aurons eu.
Vous aurez eu.
Ils *ou* elles auront eu.

## CONDITIONNELS.

### PRÉSENT.

J'aurois.
Tu aurois.
Il *ou* elle auroit.
Nous aurions.
Vous auriez.
Ils *ou* elles auroient.

### PASSÉ.

J'aurois eu.
Tu aurois eu.
Il *ou* elle auroit eu.
Nous aurions eu.
Vous auriez eu.
Ils *ou* elles auroient eu.

On dit aussi, *j'eusse eu, tu eusses eu, il* ou *elle eût eu ; nous eussions eu, vous eussiez eu, ils* ou *elles eussent eu.*

---

(1) On appelle prétérit *défini* celui qui marque un temps entièrement passé ; exemple : *j'eus hier la fièvre.* On appelle preterit *indéfini*, celui qui marque un temps dont il peut rester encore quelque partie à s'écouler ; exemple : *j'ai eu la fièvre aujourd'hui.* On appelle prétérit *antérieur*, celui qui marque une chose faite avant une autre ; exemple : *dès que nous eûmes vu la fête, nous partîmes.*

## IMPÉRATIF.

*(Point de première personne au sing. )*

Aie.
Qu'il *ou* qu'elle ait.
Ayons.
Ayez.
Qu'ils *ou* qu'elles aient.

## SUBJONCTIF.

### PRÉSENT ou FUTUR.

Que j'aie.
Que tu aies.
Qu'il *ou* qu'elle ait.
Que nous ayons.
Que vous ayez.
Qu'ils *ou* qu'elles aient.

### IMPARFAIT.

Que j'eusse.
Que tu eusses.
Qu'il *ou* qu'elle eût.
Que nous eussions.
Que vous eussiez.
Qu'ils *ou* qu'elles eussent.

### PRÉTÉRIT.

Que j'aie eu.
Que tu aies eu.
Qu'il *ou* qu'elle ait eu.
Que nous ayons eu.
Que vous ayez eu.
Qu'ils *ou* qu'elles aient eu.

### PLUSQUE-PARFAIT.

Que j'eusse eu.
Que tu eusses eu.
Qu'il *ou* qu'elle eût eu.
Que nous eussions eu.
Que vous eussiez eu.
Qu'ils *ou* qu'elles eussent eu.

## INFINITIF.

### PRÉSENT.

Avoir.

### PRÉTÉRIT.

Avoir eu.

## PARTICIPES.

### PRÉSENT.

Ayant.

### PASSÉ.

Eu, eue, ayant eu.

### FUTUR.

Devant avoir.

---

## *Verbe auxiliaire* ÊTRE.

## INDICATIF.

### PRÉSENT.

Je suis.
Tu es.
Il *ou* elle est.
Nous sommes.
Vous êtes.
Ils *ou* elles sont.

### IMPARFAIT.

J'étois.
Tu étois.
Il *ou* elle étoit.
Nous étions.
Vous étiez.
Ils *ou* elles étoient.

### PRÉTÉRIT DÉFINI.

Je fus.
Tu fus.
Il *ou* elle fut.
Nous fûmes.
Vous fûtes.
Ils *ou* elles furent.

### PRÉTÉRIT INDÉFINI.

J'ai été.
Tu as été.
Il *ou* elle a été.
Nous avons été.
Vous avez été.
Ils *ou* elles ont été.

### PRÉTÉRIT ANTÉRIEUR.

J'eus été.
Tu eus été.
Il *ou* elle eut été.
Nous eûmes été.
Vous eûtes été.
Ils *ou* elles eurent été.

### PLUSQUE-PARFAIT.

J'avois été.
Tu avois été.
Il *ou* elle avoit été.
Nous avions été.
Vous aviez été.
Ils *ou* elles avoient été.

### FUTUR SIMPLE.

Je serai.
Tu seras.
Il *ou* elle sera.
Nous serons.
Vous serez.
Ils *ou* elles seront.

### FUTUR COMPOSÉ.

J'aurai été.
Tu auras été.
Il *ou* elle aura été.
Nous aurons été.
Vous aurez été.
Ils *ou* elles auront été.

## CONDITIONNELS.

### PRÉSENT.

Je serois.
Tu serois.
Il *ou* elle seroit.
Nous serions.
Vous seriez.
Ils *ou* elles seroient.

### PASSÉ.

J'aurois été.
Tu aurois été.
Il *ou* elle auroit été.
Nous aurions été.
Vous auriez été.
Ils *ou* elles auroient été.

On dit aussi : *j'eusse été,
tu eusses été, il ou elle eût été,
nous eussions été, vous eussiez été, ils ou elles eussent été.*

## IMPÉRATIF.

( *Point de première personne
au sing.* )

Sois.
Qu'il *ou* qu'elle soit.
Soyons.
Soyez.
Qu'ils *ou* qu'elles soient.

## SUBJONCTIF.

### PRÉSENT ou FUTUR.

Que je sois.
Que tu sois.
Qu'il *ou* qu'elle soit.
Que nous soyons.
Que vous soyez.
Qu'ils *ou* qu'elles soient.

### IMPARFAIT.

Que je fusse.
Que tu fusses.
Qu'il *ou* qu'elle fût.
Que nous fussions.
Que vous fussiez.
Qu'ils *ou* qu'elles fussent.

### PRÉTÉRIT.

Que j'aie été.
Que tu aies été.
Qu'il *ou* qu'elle ait été.
Que nous ayons été.
Que vous ayez été.
Qu'ils *ou* qu'elles aient été.

PLUSQUE-PARFAIT.

Que j'eusse été.
Que tu eusses été.
Qu'il *ou* qu'elle eût été.
Que nous eussions été.
Que vous eussiez été.
Qu'ils *ou* qu'elles eussent été.

### INFINITIF.
#### PRÉSENT.

Être.

PRÉTÉRIT.

Avoir été.

### PARTICIPES.
#### PRÉSENT.

Étant.

PASSÉ.

Été, ayant été.

FUTUR.

Devant être.

# PREMIÈRE CONJUGAISON,

## *En* ER.

### INDICATIF.
#### PRÉSENT.

Je chant *e*.
Tu chant *es*.
Il *ou* elle chant *e*.
Nous chant *ons*.
Vous chant *ez*.
Ils *ou* elles chant *ent*.

#### IMPARFAIT.

Je chant *ois*.
Tu chant *ois*.
Il *ou* elle chant *oit*.
Nous chant *ions*.
Vous chant *iez*.
Ils *ou* elles chant *oient*.

#### PRÉTÉRIT DÉFINI.

Je chant *ai*.
Tu chant *as*.

Il *ou* elle chant *a*.
Nous chant *âmes*.
Vous chant *âtes*.
Ils *ou* elles chant *èrent*.

#### PRÉTÉRIT INDÉFINI.

J'ai
Tu as
Il *ou* elle a
Nous avons
Vous avez
Ils *ou* elles ont
} chanté.

#### PRÉTÉRIT ANTÉRIEUR.

J'eus
Tu eus
Il *ou* elle eut
Nous eûmes
Vous eûtes
Ils *ou* elles eurent (1)
} chanté.

(1) Il y a un quatrième prétérit, dont on se sert rarement ; le voici :

J'ai eu
Tu as eu
Il *ou* elle a eu
} chanté.

Nous avons eu
Vous avez eu
Ils *ou* elles ont eu
} chanté.

**PLUSQUE-PARFAIT.**

J'avois
Tu avois
Il *ou* elle avoit
Nous avions
Vous aviez
Ils *ou* elles avoient
} chanté.

**FUTUR SIMPLE.**

Je chant *erai.*
Tu chant *eras.*
Il *ou* elle chant *era.*
Nous chant *erons.*
Vous chant *erez.*
Ils *ou* elles chant *eront.*

**FUTUR COMPOSÉ.**

J'aurai
Tu auras
Il *ou* elle aura
Nous aurons
Vous aurez
Ils *ou* elles auront
} chanté.

## CONDITIONNELS.

**PRÉSENT.**

Je chant *erois.*
Tu chant *erois.*
Il *ou* elle chant *eroit.*
Nous chant *erions.*
Vous chant *eriez.*
Ils *ou* elles chant *eroient.*

**PASSÉ.**

J'aurois
Tu aurois
Il *ou* elle auroit
Nous aurions
Vous auriez
Ils *ou* elles auroient
} chanté.

### On dit aussi :

J'eusse
Tu eusses
Il *ou* elle eût
Nous eussions
} chanté.

Vous eussiez
Ils *ou* elles eussent
} chanté.

## IMPÉRATIF.

( *Point de première personne au singulier.* )

Chant *e.*
Qu'il *ou* qu'elle chant *e.*
Chant *ons.*
Chant *ez.*
Qu'ils *ou* qu'elles chant *ent.*

## SUBJONCTIF.

**PRÉSENT ou FUTUR.**

Que je chant *e.*
Que tu chant *es.*
Qu'il *ou* qu'elle chant *e.*
Que nous chant *ions.*
Que vous chant *iez.*
Qu'ils *ou* qu'elles chant *ent.*

**IMPARFAIT.**

Que je chant *asse.*
Que tu chant *asses.*
Qu'il *ou* qu'elle chant *ât.*
Que nous chant *assions.*
Que vous chant *assiez.*
Qu'ils *ou* qu'elles chant *assent.*

**PRÉTÉRIT.**

Que j'aie
Que tu aies
Qu'il *ou* qu'elle ait
Que nous ayons
Que vous ayez
Qu'ils *ou* qu'elles aient
} chanté.

**PLUSQUE-PARFAIT.**

Que j'eusse
Que tu eusses
Qu'il *ou* qu'elle eût
Que nous eussions
Que vous eussiez
Qu'ils *ou* qu'elles eussent
} chanté.

| INFINITIF. | PARTICIPES. |
|---|---|
| **Présent.** | **Présent.** |
| Chanter. | Chantant. |
| | **Passé.** |
| **Prétérit.** | Chanté, chantée, ayant chanté. |
| | **Futur.** |
| Avoir chanté. | Devant chanter. |

Conjuguez de même tous les verbes dont l'infinitif se termine en *er*, tels que *aimer, estimer, jouer, brûler, remuer, rapporter, achever, mener, peser, enlever, adorer, manger, partager, appeler, amonceler, jeter, cacheter, essayer, employer, appuyer, menacer, prier, crier*, etc.

Dans les verbes en *ger*, le *g* doit toujours être suivi d'un *e* muet dans les temps où il y a un *a* ou un *o*, comme je *mangeai*, je *mangeois*, et non je *mangai*, je *mangois*.

Dans les verbes terminés en *eler*, comme *appeler, amonceler*, etc. la lettre *l* se double lorsqu'elle est suivie d'un *e* muet, comme *j'appelle*, *j'amoncelle*, je *chancelle*, je *nivelle*, *j'appellerai*, *j'amoncellerai*, je *chancellerai*, je *nivellerai*, etc. ( Acad. )

Dans les verbes terminés en *eter*, comme *jeter, cacheter*, la lettre *t* se double dans les temps où elle est suivie d'un *e* muet, comme je *jette*, je *cachette*, je *jetterai*, je *cachetterai*, je *jetterois*, je *cachetterois*, etc. L'Académie écrit *j'achète* ; mais il vaudroit mieux écrire *j'achette*, en soumettant à la même règle tous les verbes de la même terminaison. Il faut diminuer, autant qu'il est possible , le nombre des exceptions.

Dans les verbes en *ayer* , *oyer* , *uyer* , comme *essayer* , *employer* ; *appuyer* , il faut mettre un *i* après l'*y* dans les deux premières personnes plurielles de l'imparfait de l'indicatif, pour les distinguer des deux premières personnes plurielles du présent de l'indicatif ; ainsi écrivez : nous *essayions* , nous *employions* , nous *appuyions* ; vous *essayiez* , vous *employiez* , vous *appuyiez*. ( Acad. )

Dans les verbes en *ier*, comme *prier* , *crier* , etc. l'*i* se double aux deux premières personnes plurielles de l'imparfait de l'indic. pour les distinguer pareillement des deux premières pers. plurielles du prés. de l'indicatif. Ainsi , on écrira : nous *priions* , vous *priiez* , nous *criions* , vous *criiez* , etc.

Dans les verbes *achever* , *enlever* , *amener* , *dépecer* , *peser* , *mener* , et autres semblables, dont le pénultième *e* n'est pas accentué au présent de l'infinitif, il faut mettre un accent grave dans tous les temps où l'*e* qui le suit est un *e* muet final. Car il ne peut pas y avoir deux *e* muets à la fin des mots, parce qu'avant la chute du son, il faut un appui à la voix. Ainsi, écrivez : j'*achève* , tu *enlèves* , il *amène* , ils *dépècent* , *pèse* , qu'ils *mènent* , etc. Remarquez qu'il n'y a qu'à la fin des mots qu'on ne puisse pas mettre deux *e* muets de suite. Car on en trouve bien deux de suite dans *redemander* , *redevenir* , *redevoir* , etc.

D'ans les verbes *menacer*, *effacer*, *aga-cer*, etc. le *c* prend une cédille devant l'*a* et l'*o*, je *menaçai*, je *menaçois*, etc.

# SECONDE CONJUGAISON,

## *En* IR.

### INDICATIF.

#### PRÉSENT.

Je bénis.
Tu bénis.
Il *ou* elle bénit.
Nous béniss *ons.*
Vous béniss *ez.*
Ils *ou* elles béniss *ent.*

#### IMPARFAIT.

Je béniss *ois.*
Tu béniss *ois.*
Il *ou* elle béniss *oit.*
Nous béniss *ions.*
Vous béniss *iez.*
Ils *ou* elles béniss *oient.*

#### PRÉTÉRIT DÉFINI.

Je bén *is.*
Tu bén *is.*
Il *ou* elle bén *it.*
Nous bén *îmes.*
Vous bén *îtes.*
Ils *ou* elles bén *irent.*

#### PRÉTÉRIT INDÉFINI.

J'ai
Tu as
Il *ou* elle a
Nous avons
Vous avez
Ils *ou* elles ont
} béni.

#### PRÉTÉRIT ANTÉRIEUR.

J'eus
Tu eus
Il *ou* elle eut
Nous eûmes
Vous eûtes
Ils (1) *ou* elles eurent
} béni.

#### PLUSQUE-PARFAIT.

J'avois
Tu avois
Il *ou* elle avoit
Nous avions
Vous aviez
Ils *ou* elles avoient
} béni.

#### FUTUR SIMPLE.

Je béni *rai.*
Tu béni *ras.*
Il *ou* elle béni *ra.*
Nous béni *rons.*
Vous-béni *rez.*
Ils *ou* elles béni *ront.*

#### FUTUR COMPOSÉ.

J'aurai
Tu auras
Il *ou* elle aura
Nous aurons
Vous aurez
Ils *ou* elles auront
} béni.

___

(1). Il y a un quatrième prétérit, mais on s'en sert rarement; le voici :

J'ai eu
Tu as eu
Il *ou* elle a eu
} béni.

Nous avons eu
Vous avez eu
Ils *ou* elles ont eu
} béni.

C

CONDITIONNELS.

### PRÉSENT.

Je béni *rois*.
Tu béni *rois*.
Il *ou* elle béni *roit*.
Nous béni *rions*.
Vous béni *riez*.
Ils *ou* elles béni *roient*.

### PASSÉ.

J'aurois
Tu aurois
Il *ou* elle auroit
Nous aurions
Vous auriez
Ils *ou* elles auroient
} *béni.*

On dit aussi :

J'eusse
Tu eusses
Il ou *elle* eût
Nous eussions
Vous eussiez
Ils ou *elles* eussent
} *béni.*

## IMPÉRATIF.

(*Point de première personne au singulier*).

Bénis.
Qu'il *ou* qu'elle béniss *e*.
Béniss *ons*.
Béniss *ez*.
Qu'ils *ou* qu'elles béniss *ent*.

## SUBJONCTIF.

### PRÉSENT ou FUTUR.

Que je béniss *e*.
Que tu béniss *es*.
Qu'il *ou* qu'elle béniss *e*.
Que nous béniss *ions*.
Que vous béniss *iez*.
Qu'ils *ou* qu'elles béniss *ent*.

### IMPARFAIT.

Que je bén *isse*.
Que tu bén *isses*.
Qu'il *ou* qu'elle bén *ît*.
Que nous bén *issions*.
Que vous bén *issiez*.
Qu'ils *ou* qu'elles bén *issent*.

### PRÉTÉRIT.

Que j'aie
Que tu aies
Qu'il *ou* qu'elle ait
Que nous ayons
Que vous ayez
Qu'ils *ou* qu'elles aient
} *béni.*

### PLUSQUE-PARFAIT.

Que j'eusse
Que tu eusses
Qu'il *ou* qu'elle eût
Que nous eussions
Que vous eussiez
Qu'ils *ou* qu'elles eussent
} *béni.*

## INFINITIF.

### PRÉSENT.

Bén *ir*.

### PRÉTÉRIT.

Avoir béni.

## PARTICIPES.

### PRÉSENT.

Béniss *ant*.

### PASSÉ.

Béni, bénie, ayant béni.

### FUTUR.

Devant bénir.

Ainsi se conjuguent tous les verbes qui ont l'infinitif terminé en *ir*, comme *nourrir*, *finir*, *avertir*, *guérir*, *ensevelir*, *punir*, *adoucir*, *haïr*, *fleurir*, *flétrir*, *fléchir*, *jaillir*, *vomir*, *saisir*, *vernir*, *pétrir*, etc.

*Remarques.* Le verbe *bénir* a deux participes passés ; *bénit*, *bénite*, pour les choses consacrées par les prières des prêtres, du pain *bénit*, de l'eau *bénite*, un cierge *bénit*, une chandelle *bénite* ; et *béni*, *bénie*, pour toutes les autres significations de ce verbe. Un peuple *béni* de Dieu ; les ames *bénies* de Dieu sont toujours heureuses. (Acad.)

*Haïr* est de deux syllabes à l'infinitif, et s'écrit avec deux points sur l'*ï* : il retient la même prononciation et la même orthographe dans tous les temps, excepté dans les trois personnes singulières du présent de l'indicatif, et dans la seconde personne singulière de l'impératif, où il n'est que d'une syllabe, et où il s'écrit sans les deux points. Je *hais*, tu *hais*, il *hait*, qu'on prononce je *hès*, tu *hès*, il *hèt*. (Acad.)

*Fleurir*, quand il signifie pousser de la fleur, ou être en fleur, fait à l'imparfait de l'ind. et au participe présent, je *fleurissois*, *fleurissant* ; mais quand on s'en sert au figuré, en parlant des arts, des sciences, des empires, etc. il fait *florissoit* à l'imparfait de l'indicatif, et *florissant* au participe présent ; exemples : Alors la poésie, l'éloquence *flo-*

*rissoient ; cet empire florissoit ; un tel au-
teur florissoit* en ce siècle-là.

# TROISIÈME CONJUGAISON,

## *En* OIR.

### INDICATIF.
#### PRÉSENT.

J'aperç *ois.*
Tu aperç *ois.*
Il *ou* elle aperç *oit.*
Nous apercev *ons.*
Vous apercev *ez.*
Ils *ou* elles aperçoiv *ent.*

#### IMPARFAIT.

J'apercev *ois.*
Tu apercev *ois.*
Il *ou* elle apercev *oit.*
Nous apercev *ions.*
Vous apercev *iez.*
Ils *ou* elles apercev *oient.*

#### PRÉTÉRIT DÉFINI.

J'aperç *us.*
Tu aperç *us.*
Il *ou* elle aperç *ut.*
Nous aperç *ûmes.*
Vous aperç *ûtes.*
Ils *ou* elles aperç *urent.*

#### PRÉTÉRIT INDÉFINI.

J'ai
Tu as
Il *ou* elle a
Nous avons } aperçu.
Vous avez
Ils *ou* elles ont

#### PRÉTÉRIT ANTÉRIEUR.

J'eus
Tu eus
Il *ou* elle eut
Nous eûmes } aperçu.
Vous eûtes
Ils *ou* elles eu-
rent (1)

#### PLUSQUE-PARFAIT.

J'avois
Tu avois
Il *ou* elle avoit
Nous avions } aperçu.
Vous aviez
Ils *ou* elles avoient

#### FUTUR SIMPLE.

J'apercev *rai.*
Tu apercev *ras.*
Il *ou* elle apercev *ra.*
Nous apercev *rons.*
Vous apercev *rez.*
Ils *ou* elles apercev *ront.*

#### FUTUR COMPOSÉ.

J'aurai
Tu auras
Il *ou* elle aura
Nous aurons } aperçu.
Vous aurez
Ils *ou* elles auront

---

(1) Il y a un quatrième prétérit, mais on s'en sert rarement ; le
voici :

J'ai eu
Tu as eu } aperçu.
Il *ou* elle a eu

Nous avons eu
Vous avez eu } aperçu.
Ils *ou* elles ont eu

## CONDITIONNELS.

### PRÉSENT.

J'apercev *rois*.
Tu apercev *rois*.
Il *ou* elle apercev *roit*.
Nous apercev *rions*.
Vous apercev *riez*.
Ils *ou* elles apercev *roient*.

### PASSÉ.

J'auro's
Tu aurois
Il *ou* elle auroit
Nous aurions
Vous auriez
Ils *ou* elles auroient
} aperçu.

### On dit aussi :

J'eusse
Tu eusses
Il ou elle eût
Nous eussions
Vous eussiez
Ils ou elles eussent
} aperçu.

## IMPÉRATIF.

( *Point de première personne au singulier.* )

Aperç *ois*.
Qu'il *ou* qu'elle aperç *oive*.
Apercev *ons*.
Apercev *ez*.
Qu'ils *ou* qu'elles aperçoiv *ent*.

## SUBJONCTIF.

### PRÉSENT ou FUTUR.

Que j'aperç *oive*.
Que tu aperç *oives*.

Qu'il *ou* qu'elle aperç *oive*.
Que nous apercev *ions*.
Que vous apercev *iez*.
Qu'ils *ou* qu'elles aperç *oivent*.

### IMPARFAIT.

Que j'aperç *usse*.
Que tu aperç *usses*.
Qu'il *ou* qu'elle aperç *ût*.
Que nous aperç *ussions*.
Que vous aperç *ussiez*.
Qu'ils *ou* qu'elles aperç *ussent*.

### PRÉTÉRIT.

Que j'aie
Que tu aies
Qu'il *ou* qu'elle ait
Que nous ayons
Que vous ayez
Qu'ils *ou* qu'elles aient
} aperçu.

### PLUSQUE-PARFAIT.

Que j'eusse
Que tu eusses
Qu'il *ou* qu'elle eût
Que nous eussions
Que vous eussiez
Qu'ils *ou* qu'elles eussent
} aperçu.

## INFINITIF.

### PRÉSENT.

Apercev *oir*.

### PRÉTÉRIT.

Avoir aperçu.

## PARTICIPE.

### PRÉSENT.

Apercev *ant*.

### PASSÉ.

Aperçu , aperçue , ayant aperçu.

### FUTUR.

Devant apercevoir.

Ainsi se conjuguent *recevoir*, *concevoir*, *percevoir*, *devoir*, etc.

# QUATRIÈME CONJUGAISON,

## En RE.

### INDICATIF.

#### PRÉSENT.

Je répan *ds*.
Tu répan *ds*.
Il *ou* elle répan *d*.
Nous repand *ons*.
Vous répand *ez*.
Ils *ou* elles répand *ent*.

#### IMPARFAIT.

Je répand *ois*.
Tu répand *ois*.
Il *ou* elle répand *oit*.
Nous répand *ions*.
Vous répand *iez*.
Ils *ou* elles répand *oient*.

#### PRÉTÉRIT DÉFINI.

Je répand *is*.
Tu répand *is*.
Il *ou* elle répand *it*.
Nous répand *îmes*.
Vous répand *îtes*.
Ils *ou* elles répand *irent*.

#### PRÉTÉRIT INDÉFINI.

J'ai
Tu as
Il *ou* elle a } répandu.
Nous avons

Vous avez
Ils *ou* elles ont } répandu.

#### PRÉTÉRIT ANTÉRIEUR.

J'eus
Tu eus
Il *ou* elle eut
Nous eûmes } répandu.
Vous eûtes
Ils *ou* elles eurent (1)

#### PLUSQUE-PARFAIT.

J'avois
Tu avois
Il *ou* elle avoit
Nous avions } répandu.
Vous aviez
Ils *ou* elles avoient

#### FUTUR SIMPLE.

Je répand *rai*.
Tu répand *ras*.
Il *ou* elle répand *ra*.
Nous répand *rons*.
Vous répand *rez*.
Ils *ou* elles répand *ront*.

#### FUTUR COMPOSÉ.

J'aurai
Tu auras } répandu.

---

(1) Il y a un quatrième prétérit, mais on s'en sert rarement ; le voici :

J'ai eu
Tu as eu } répandu.
Il *ou* elle a eu

Nous avons eu
Vous avez eu } répandu.
Ils *ou* elles ont eu

Il *ou* elle aura  
Nous aurons  
Vous aurez  
Ils *ou* elles auront  
} répandu.

## CONDITIONNELS.
### PRÉSENT.
Je répand *rois.*  
Tu répand *rois.*  
Il *ou* elle répand *roit.*  
Nous répand *rions.*  
Vous répand *riez.*  
Ils *ou* elles répand *roient.*

### PASSÉ.
J'aurois  
Tu aurois  
Il *ou* elle auroit  
Nous aurions  
Vous auriez  
Ils *ou* elles auroient  
} répandu.

## On dit aussi :
J'eusse  
Tu eusses  
Il *ou* elle eût  
Nous eussions  
Vous eussiez  
Ils *ou* elles eussent  
} répandu.

## IMPÉRATIF.
( *Point de première personne au singulier* ).  
Répan *ds.*  
Qu'il *ou* qu'elle répand *e.*  
Répand *ons.*  
Répand *ez.*  
Qu'ils *ou* qu'elles répand *ent.*

## SUBJONCTIF.
### PRÉSENT ou FUTUR.
Que je répand *e.*  
Que tu répand *es.*  
Qu'il *ou* qu'elle répand *e.*  
Que nous répand *ions.*  
Que vous répand *iez.*  
Qu'ils *ou* qu'elles répand *ent.*

### IMPARFAIT.
Que je répand *isse.*  
Que tu répand *isses.*  
Qu'il *ou* qu'elle répand *ît.*  
Que nous répand *issions.*  
Que vous répand *issiez.*  
Qu'ils *ou* qu'elles répand *issent.*

### PRÉTÉRIT.
Que j'aie  
Que tu aies  
Qu'il *ou* qu'elle ait  
Que nous ayons  
Que vous ayez  
Qu'ils *ou* qu'elles aient  
} répandu.

### PLUSQUE-PARFAIT.
Que j'eusse  
Que tu eusses  
Qu'il *ou* qu'elle eût  
Que nous eussions  
Que vous eussiez  
Qu'ils *ou* qu'elles eussent  
} répandu.

## INFINITIF.
### PRÉSENT.
Répand *re.*

### PRÉTÉRIT.
Avoir répandu.

## PARTICIPES.
### PRÉSENT.
Répand *ant.*

### PASSÉ.
Répandu , répandue , ayant répandu.

### FUTUR.
Devant répandre.

Conjuguez de même *rendre, attendre, défendre, dépendre, détendre, entendre, éten-*

dre, épandre, fendre, vendre, confondre, répondre, tondre, perdre, tordre, mordre, etc.

## DES TEMPS DES VERBES.

Les *temps* des verbes se divisent en temps simples et en temps composés.

Les temps *simples* sont ceux qui n'empruntent point un des temps du verbe *avoir* ou du verbe *être*, comme, je *chante*, je *bénissois*, j'*apercevrai*, je *répandrois*, etc.

Les temps *composés* sont ceux qui se forment en empruntant un des temps du verbe *avoir*, ou du verbe *être*; comme j'*ai* aimé, je *suis* tombé, etc.

Les temps des verbes se divisent encore en temps primitifs et en temps dérivés.

Les temps *primitifs* sont ceux qui servent à former les autres temps dans les quatre conjugaisons, et qui ne sont eux-mêmes formés d'aucun autre.

Les temps *dérivés* sont ceux qui se forment des temps primitifs.

Il y a cinq temps primitifs, savoir :
Le présent de l'infinitif.
Le participe présent.
Le participe passé.
Le présent de l'indicatif.
Le prétérit défini.

Pour bien conjuguer un verbe, il faut en connoître les cinq temps primitifs.

Il faut ensuite savoir comment les temps dérivés se forment des temps primitifs.

57

## TABLEAU DES TEMPS PRIMITIFS.

| | PRÉSENT DE L'INFINITIF. | PARTICIPE PRÉSENT. | PARTICIPE PASSÉ. | PRÉSENT DE L'INDICATIF. | PRÉTÉRIT DÉFINI. |
|---|---|---|---|---|---|
| 1<sup>e</sup> Conjugaison. | Chanter. | Chantant. | Chanté. | Je chante. | Je chantai |
| 2<sup>e</sup>. Conjugaison. | Bénir.<br>Sentir.<br>Mentir.<br>Dormir.<br>Servir.<br>Ouvrir.<br>Tenir. | Bénissant.<br>Sentant.<br>Mentant.<br>Dormant.<br>Servant.<br>Ouvrant.<br>Tenant. | Béni.<br>Senti.<br>Menti.<br>Dormi.<br>Servi.<br>Ouvert.<br>Tenu. | Je bénis.<br>Je sens.<br>Je mens.<br>Je dors.<br>Je sers.<br>J'ouvre.<br>Je tiens. | Je bénis.<br>Je sentis.<br>Je mentis.<br>Je dormis.<br>Je servis.<br>J'ouvris.<br>Je tins. |
| 3<sup>e</sup>. Conjugaison. | Apercevoir. | Apercevant. | Aperçu. | J'aperçois. | J'aperçus. |
| 4<sup>e</sup>. Conjugaison. | Répandre.<br>Craindre.<br>Teindre.<br>Joindre.<br>Contredire.<br>Réduire.<br>Connoître.<br>Plaire.<br>Fondre.<br>Tondre.<br>Mordre.<br>Tordre. | Répandant.<br>Craignant.<br>Teignant.<br>Joignant.<br>Contredisant.<br>Réduisant.<br>Connoissant.<br>Plaisant.<br>Fondant.<br>Tondant.<br>Mordant.<br>Tordant. | Répandu.<br>Craint.<br>Teint.<br>Joint.<br>Contredit.<br>Réduit.<br>Connu.<br>Plu.<br>Fondu.<br>Tondu.<br>Mordu.<br>Tordu. | Je répands.<br>Je crains.<br>Je teins.<br>Je joins.<br>Je contredis.<br>Je réduis.<br>Je connois.<br>Je plais.<br>Je fonds.<br>Je tonds.<br>Je mords.<br>Je tords. | Je répandis.<br>Je craignis.<br>Je teignis.<br>Je joignis.<br>Je contredis.<br>Je réduisis.<br>Je connus.<br>Je plus.<br>Je fondis.<br>Je tondis.<br>Je mordis.<br>Je tordis. |

## FORMATION DES TEMPS DÉRIVÉS.

### Imparfait de l'Indicatif.

L'imparfait de l'indicatif se forme du participe présent, en changeant *ant* en *ois ;* *chantant*, imparfait, je *chantois ; bénissant*, je *bénissois ; apercevant*, j'*apercevois ; répandant*, je *répandois*.

Il n'y a que deux exceptions : *ayant*, j'*avois ; sachant*, je *savois*.

Nous avons déjà remarqué que les verbes de la première conjugaison en *ayer*, *oyer*, *uyer*, prennent un *i* après l'*y* aux premières et aux secondes personnes du pluriel de l'imparfait de l'indicatif, pour ne pas les confondre avec les mêmes personnes du présent de l'indicatif. Cette règle s'étend généralement à tous les verbes dont le participe présent est terminé en *yant*, de quelque conjugaison qu'ils soient. Ainsi, dans les verbes *fuir*, *voir*, *croire*, etc., qui ont le participe présent en *yant*, *fuyant*, *voyant*, *croyant*, il faut écrire à l'imparfait de l'indicatif : nous *fuyions*, nous *voyions*, nous *croyions*, vous *fuyiez*, vous *voyiez*, vous *croyiez*, etc... Pareillement les verbes dont le participe présent est terminé en *iant*, doublent l'*i* simple aux deux premières personnes plurielles de l'imparfait de l'indicatif, de quelque conjugaison qu'ils soient. Ex. : *Riant*, que nous *riions*, que vous *riiez*, etc.

## Futur simple.

Le futur simple se forme du présent de l'infinitif en ajoutant *ai* pour les trois premières conjugaisons, et en changeant *e* en *ai* pour la quatrième.

*Chanter*, futur, je *chanterai ; bénir*, je *bénirai ; prévoir*, je *prévoirai ; répandre*, je *répandrai*.

### EXCEPTIONS.

PREMIÈRE CONJUGAISON. *Envoyer*, futur, j'*enverrai ; aller*, j'*irai ; essayer*, j'*essaierai ; employer*, j'*emploierai ; appuyer*, j'*appuierai*.

SECONDE CONJUGAISON. *Tenir*, futur, je *tiendrai ; venir*, je *viendrai ; courir*, je *courrai ; cueillir*, je *cueillerai ; mourir*, je *mourrai ; acquérir*, j'*acquerrai*.

TROISIÈME CONJUGAISON. *Recevoir*, futur, je *recevrai ; avoir*, j'*aurai ; échoir*, j'*écherrai ; pouvoir*, je *pourrai ; savoir*, je *saurai ; s'asseoir*, je *m'asseierai* ou je *m'assiérai ; voir*, je *verrai ; vouloir*, je *voudrai ; mouvoir*, je *mouvrai ; devoir*, je *devrai ; valoir*, je *vaudrai ; falloir*, il *faudra ; pleuvoir*, il *pleuvra*.

QUATRIÈME CONJUGAISON. *Faire*, futur, je *ferai ; être*, je *serai*.

## Conditionnel présent.

Le conditionnel présent se forme du futur simple, en changeant *rai* en *rois*, sans exception.

Je *chanterai*, conditionnel, je *chanterois* ; je *bénirai*, je *bénirois* ; j'*apercevrai*, j'*apercevrois* ; je *répandrai*, je *répandrois*.

### *Impératif.*

L'impératif se forme de la première personne du présent de l'indicatif, en ôtant seulement le pronom *je*.

### *EXEMPLE.*

Je *chante*, impératif, *chante* ; je *bénis*, impér., *bénis* ; j'*aperçois*, impér., *aperçois* ; je *répands*, impér., *répands*.

Quatre verbes sont exceptés : je *suis*, imp., *sois* ; j'*ai*, imp., *aie* ; je *sais*, imp., *sache* ; je *vais*, imp. *va*.

L'impératif *va*, prend une *s*, quand il est suivi du pronom relatif *y*, comme *vas-y*. Mais si après *y*, il suit un verbe, *va* s'écrira sans *s*. *Va y donner ordre*.

Dans le verbe réfléchi *s'en aller*, écrivez à l'impératif *va-t'en*, et non *va-t-en*. Ce n'est point ici le *t* euphonique ; c'est le pronom personnel *te*, dont la dernière lettre se trouve supprimée par l'élision. Car si l'on parle au pluriel, on dira : *allez*-vous -en. L'apostrophe est donc d'une nécessité indispensable.

Dans les verbes en *er*, et dans ceux dont la première personne du présent de l'indicatif finit par un *e* muet, tels que j'*ouvre*, je *souffre*, la seconde personne singulière de l'impératif prend une *s* après l'*e*, quand cette personne est suivie des pronoms *en*, *y*. On dir , *porte un livre , ouvre à ton frère.* Mais s'il suit *en* ou *y* , on dira : *portes-en à ton frère ; apportes-y des livres ; je veux entrer dans cette chambre, ouvres-en la porte ; tu as fait une faute , souffres-en la peine ,* etc. Mais si *en* étoit préposition , le verbe ne prendroit point *s. Donne en cette occasion des preuves de ton zèle.*

### *Présent du Subjonctif.*

Le présent du subjonctif se forme du participe présent, en changeant *ant* en un *e* muet. Exemples : *Chantant ,* que je *chante ; bénissant ,* que je *bénisse ; répandant ,* que je *répande.*

### *EXCEPTIONS.*

PREMIÈRE CONJUGAISON. *Allant ,* que j'*aille ; effrayant,* que j'*effraie ; employant,* que j'*emploie ; essuyant,* que j'*essuie :* il en est de même de tous les verbes qui se conjuguent comme ces trois derniers.

SECONDE CONJUGAISON. *Tenant ,* que je *tienne ; venant ,* que je *vienne ; acquérant ,* que j'*acquière ; mourant ,* que je *meure ; fuyant ,* que je *fuie.*

TROISIÈME CONJUGAISON. *Recevant ,* que je *reçoive ; devant ,* que je *doive ; pouvant ,* que je *puisse ; valant ,* que je *vaille* (1) ; *mouvant ,* que je *meuve ; voyant ,* que je

_______________

(1) Que tu *vailles,* qu'il *vaille,* que nous *valions,* que vous *valiez,* qu'ils *vaillent.* Mais *prévaloir* forme régulièrement le présent du subjonctif, que je *prévale,* etc. qu'ils *prévalent.*

*voie ; ayant,* que *j'aie ; voulant,* que je *veuille* (1).

QUATRIÈME CONJUGAISON. *Étant,* que je *sois ; buvant,* que je *boive ; faisant,* que je *fasse ; croyant,* que je *croie ; prenant,* que je *prenne.*

*Première remarque.* La troisième personne du singulier de l'impératif et la troisième personne du singulier du présent du subjonctif, sont toujours semblables.

*Deuxième remarque.* La première et la seconde personne du pluriel du présent du subjonctif, sont semblables à la première et à la seconde personne du pluriel de l'imparfait de l'indicatif.

### *Imparfait du Subjonctif.*

L'imparfait du subjonctif se forme du prétérit défini, en changeant *ai* en *asse* pour la première conjugaison : je *chantai,* imparfait, que je *chantasse ;* et en ajoutant seulement *se* pour les trois autres conjugaisons : je *bénis,* que je *bénisse ; j'obtins,* que j'*obtinsse ; j'aperçus,* que j'*aperçusse ;* je *répandis,* que je *répandisse.* Il n'y a point d'exception.

### *Remarque sur le présent de l'Indicatif.*

Le présent de l'indicatif est un temps primi-

---

(1) Que tu *veuilles,* qu'il *veuille,* que nous *voulions,* que vous *vouliez,* qu'ils *veuillent.* Remarquons que l'impératif de ce verbe est irrégulier, et n'a que trois personnes, qu'il *veuille, veuillez,* qu'ils *veuillent.*

tif, et, par conséquent, il ne se forme d'aucun autre ; mais ses trois personnes plurielles se forment du participe présent en cette sorte :

La première, en changeant *ant* en *ons*. Exemples : *chantant*, nous *chantons* ; *bénissant*, nous *bénissons* ; *apercevant*, nous *apercevons* ; *répandant*, nous *répandons*. Exceptions. *Étant*, nous *sommes* ; *ayant*, nous *avons* ; *sachant*, nous *savons*.

La seconde, en changeant *ant* en *ez* (1). Exemples : *chantant*, vous *chantez* ; *bénissant*, vous *bénissez* ; *apercevant*, vous *apercevez* ; *répandant*, vous *répandez*. Exceptions : *ayant*, vous *avez* ; *sachant*, vous *savez* ; *disant*, vous *dites* ; *faisant*, vous *faites*.

Enfin, la troisième en changeant *ant* en *ent* (2). Exemples : *chantant*, ils *chantent* ; *bénissant*, ils *bénissent* ; *répandant*, ils *répandent*.

### EXCEPTIONS.

PREMIÈRE CONJUGAISON. *Allant*, ils *vont* ; *effrayant*, ils *effraient* ; *employant*, ils *emploient* ; *essuyant*, ils *essuient* ; et toutes les troisièmes personnes plurielles du présent de l'indicatif des verbes qui se conjuguent comme ces trois derniers.

---

(1) Les secondes personnes du pluriel dans les verbes sont ordinairement terminées par z.

(2) Les troisièmes personnes du pluriel dans les verbes finissent par *ent*, excepté celles du futur, qui finissent par *ont*.

SECONDE CONJUGAISON. *Venant*, ils *viennent* ; *tenant*, ils *tiennent* ; *acquérant*, ils *acquièrent* ; *mourant*, ils *meurent* ; *fuyant*, ils *fuient*.

TROISIÈME CONJUGAISON. *Recevant*, ils *reçoivent* ; *devant*, ils *doivent* ; *mouvant*, ils *meuvent* ; *pouvant*, ils *peuvent* ; *voulant*, ils *veulent* ; *voyant*, ils *voient* ; *sachant*, ils *savent* ; *ayant*, ils *ont* ; *s'asseyant*, ils *s'asseient*.

QUATRIÈME CONJUGAISON. *Étant*, ils *sont* ; *faisant*, ils *font* ; *buvant*, ils *boivent* ; *croyant*, ils *croient* ; *prenant*, ils *prennent*.

*Remarque.* Dans les verbes qui ont le participe présent en *yant*, l'*y* se change en *i* simple dans toutes les personnes où cet *y* seroit suivi d'un *e* muet, de quelque conjugaison que soit le verbe. Ex. : j'*effraie*, tu *effraies*, il *effraie*, ils *effraient* ; j'*appuierai*, j'*appuierois*, que je *nettoie*, que tu *fuies*, qu'il *voie*, qu'ils *croient*, etc.

FORMATION DES TEMPS COMPOSÉS.

Tous les temps *composés* se forment du participe passé, en y joignant les temps des verbes auxiliaires *avoir*, et *être*, comme j'*ai chanté*, j'*ai béni*, j'*avois aperçu*, j'*aurai répandu*, que j'*eusse parlé* ; je suis *venu*, je serois *tombé*, que je fusse *parti*, etc.

*Verbes irréguliers.*

Plusieurs de ces verbes ne sont pas usités à certains temps et à certaines personnes.

# TEMPS PRIMITIFS
## DES VERBES IRRÉGULIERS.

| Présent de L'INFINITIF. | PARTICIPE PRÉSENT. | PARTICIPE PASSÉ. | Présent de L'INDICATIF | PRÉTÉRIT DÉFINI. |
|---|---|---|---|---|
| **PREMIÈRE CONJUGAISON.** | | | | |
| Aller. | Allant. | Alle. | Je vais (1). | J'allai. |
| **SECONDE CONJUGAISON.** | | | | |
| Courir. | Courant. | Couru. | Je cours. | Je courus. |
| Cueillir. | Cueillant. | Cueilli. | Je cueille. | Je cueillis. |
| Fuir. | Fuyant. | Fui. | Je fuis. | Je fuis. |
| Mourir. | Mourant. | Mort. | Je meurs. | Je mourus. |
| Faillir. | Faillant. | Failli. | Je faux. | Je faillis. |
| Acquérir. | Acquérant. | Acquis. | J'acquiers. | J'acquis. |
| Saillir. | Saillant. | Sailli. | Il saille. | Il saillit. |
| Tressaillir. | Tressaillant. | Tressailli. | Je tressaille. | Je tressaillis. |
| Vêtir. | Vêtant. | Vêtu. | Je vêts. | Je vêtis. |
| Revêtir. | Revêtant. | Revêtu. | Je revêts. | Je revêtis. |
| **TROISIÈME CONJUGAISON.** | | | | |
| Choir. | | | | |
| Dechoir. | | Déchu. | Je déchois. | Je dechus. |
| Echoir. | Echéant. | Échu. | Il échoit. | J'echus. |
| Falloir. | | Fallu. | Il faut. | Il fallut. |
| Mouvoir. | Mouvant. | Mu. | Je meus. | Je mus. |
| Pleuvoir. | Pleuvant. | Plu. | Il pleut. | Il plut. |
| Pouvoir. | Pouvant. | Pu. | Je puis (2). | Je pus. |
| Savoir | Sachant. | Su. | Je sais. | Je sus. |
| S'asseoir. | S'asseyant. | Assis. | Je m'assieds. | Je m'assis. |
| Surseoir. | | Sursis. | Je surseois. | Je sursis. |
| Valoir. | Valant. | Valu. | Je vaux. | Je valus. |
| Voir. | Voyant. | Vu. | Je vois. | Je vis. |
| Pourvoir. | Pourvoyant | Pourvu. | Je pourvois. | Je pourvus |
| Vouloir. | Voulant. | Voulu. | Je veux. | Je voulus. |

(1) Tu vas, il va, nous allons, vous allez, ils vont.
(2) Tu peux, il peut, nous pouvons, vous pouvez, ils peuvent.

| Présent de L'INFINITIF. | Participe PRÉSENT. | Participe PASSÉ. | Présent de L'INDICATIF | Prétérit DÉFINI. |
|---|---|---|---|---|
| **QUATRIÈME CONJUGAISON.** | | | | |
| Battre. | Battant. | Battu. | Je bats. | Je battis. |
| Boire. | Buvant. | Bu. | Je bois. | Je bus. |
| Braire. | | | Il brait. | |
| Bruire. | Bruyant. | | | |
| Circoncire. | | Circoncis. | Je circoncis. | Je circoncis |
| Clore, clorre. | | Clos. | Jo clos. | |
| Conclure. | Concluant. | Conclu. | Je conclus. | Je conclus. |
| Confire. | Confisant. | Confit. | Je confis. | Je confis |
| Répondre. | Répondant. | Répondu. | Je réponds. | Je répondis. |
| Coudre. | Cousant. | Cousu. | Je couds. | Je cousis. |
| Croire. | Croyant. | Cru. | Je crois. | Je crus. |
| Dire. | Disant. | Dit. | Je dis. | Je dis. |
| Maudire. | Maudissant. | Maudit. | Je maudis. | Je maudis. |
| Ecrire. | Ecrivant. | Ecrit | J'écris. | J'écrivis. |
| Exclure. | Excluant. | Exclu. | J'exclus. | J'exclus. |
| Faire. | Faisant. | Fait. | Je fais. | Je fis. |
| Prendre. | Prenant. | Pris. | Je prends. | Je pris. |
| Lire. | Lisant. | Lu. | Je lis. | Je lus. |
| Luire. | Luisant | Lui. | Je luis. | |
| Mettre. | Mettant. | Mis. | Je mets. | Je mis. |
| Moudre. | Moulant. | Moulu. | Je mouds. | Je moulus. |
| Naître. | Naissant. | Né. | Je nais. | Je naquis. |
| Nure. | Nuisant. | Nui. | Je nuis. | Je nuisis. |
| Rire. | Riant. | Ri. | Je ris. | Je ris. |
| Rompre. | Rompant. | Rompu. | Je romps. | Je rompis. |
| Absoudre. | Absolvant. | Absous. | J'absous. | |
| Résoudre. | Résolvant. | Résous, résolu. | Je résous. | Je résolus. |
| Suffire. | Suffisant. | Suffi. | Je suffis. | Je suffis. |
| Suivre. | Suivant. | Suivi. | Je suis. | Je suivis. |
| Traire. | Trayant. | Trait. | Je trais. | |
| Vaincre. | Vainquant. | Vaincu. | Je vaincs. | Je vainquis. |
| Vivre. | Vivant. | Vécu. | Je vis. | Je vécus. |

Nous ne marquons pas les verbes *composés*, parce qu'ils suivent la conjugaison de leurs *simples :* par exemple , les composés *promettre* , *admettre* , etc. , se conjuguent comme le verbe simple *mettre*.

Au moyen de cette table et des règles que nous avons données sur la formation des temps , il n'y a point de verbe qu'on ne puisse conjuguer.

# VERBES PASSIFS.

Il n'y a qu'une seule conjugaison pour tous les verbes passifs ; elle se fait avec l'auxiliaire *être* dans tous ses temps, et le participe passé du verbe qu'on veut conjuguer.

### Conjugaison des Verbes Passifs.

**INDICATIF.**

**PRÉSENT.**

| Je suis | { aimé |
| Tu es. | ou |
| Il *ou* elle est | aimée. |

| Nous sommes | { aimés |
| Vous êtes | ou |
| Ils *ou* elles sont | aimées. |

**IMPARFAIT.**

| J'étois | { aimé |
| Tu étois | ou |
| Il *ou* elle étoit | aimée. |

| Nous étions | { aimés |
| Vous étiez | ou |
| Ils *ou* elles étoient | aimées. |

**PRÉTÉRIT DÉFINI.**

| Je fus | { aimé |
| Tu fus | ou |
| Il *ou* elle fut | aimée. |

| Nous fûmes | { aimés |
| Vous fûtes | ou |
| Ils *ou* elles furent | aimées. |

**PRÉTÉRIT INDÉFINI.**

| J'ai été | { aimé |
| Tu as été | ou |
| Il *ou* elle a été | aimée. |

| Nous avons été | { aimés |
| Vous avez été | ou |
| Ils *ou* elles ont été | aimées. |

**PRÉTÉRIT ANTÉRIEUR.**

| J'eus été | { aimé |
| Tu eus été | ou |
| Il *ou* elle eut été | aimée. |

| Nous eûmes été | { aimés |
| Vous eûtes été | ou |
| Ils *ou* elles eurent été | aimées. |

**PLUSQUE-PARFAIT.**

| J'avois été | { aimé |
| Tu avois été | ou |
| Il *ou* elle avoit été | aimée. |

| Nous avions été | { aimes |
| Vous aviez été | ou |
| Ils *ou* elles avoient été | aimées. |

**FUTUR SIMPLE.**

| Je serai | { aimé |
| Tu seras | ou |
| Il *ou* elle sera | aimée. |

| Nous serons | { aimés |
| Vous serez | ou |
| Ils *ou* elles seront | aimées. |

**FUTUR COMPOSÉ.**

| J'aurai été | { aimé |
| Tu auras été | ou |
| Il *ou* elle aura été | aimée. |

| Nous aurons été | { aimés |
| Vous aurez été | ou |
| Ils *ou* elles auront été | aimées. |

## CONDITIONNELS.

### PRÉSENT.

Je serois   } aimé
Tu serois   } ou
Il *ou* elle seroit   } aimée.

Nous serions   } aimés
Vous seriez   } ou
Ils *ou* elles seroient   } aimées.

### PASSÉ.

J'aurois été   } aimé
Tu aurois été   } ou
Il *ou* elle auroit été   } aimée.
Nous aurions été  
Vous auriez été   } aimés
Ils *ou* elles auroient   } ou
été   } aimées.

### On dit aussi :

J'eusse été   } aimé
Tu eusses été   } ou
Il *ou elle* eût été   } aimée.
Nous eussions été  
Vous eussiez été   } aimés
Ils *ou elles* eussent   } ou
été   } aimées.

## IMPÉRATIF.

(*Point de première personne au sing*).

Sois   } aimé
Qu'il *ou* qu'elle soit   } ou
  } aimée.
Soyons  
Soyez   } aimés
Qu'ils *ou* qu'elles   } ou
soient   } aimées.

## SUBJONCTIF.

### PRÉSENT ou FUTUR.

Que je sois   } aimé
Que tu sois   } ou
Qu'il *ou* qu'elle soit   } aimée.
Que nous soyons  
Que vous soyez   } aimés
Qu'ils *ou* qu'elles   } ou
soient   } aimées.

### IMPARFAIT.

Que je fusse   } aimé
Que tu fusses   } ou
Qu'il *ou* qu'elle fût   } aimée.

Que nous fussions  
Que vous fussiez   } aimés
Qu'ils *ou* qu'elles   } ou
fussent   } aimées.

### PRÉTÉRIT.

Que j'aie été  
Que tu aies été   } aimé
Qu'il *ou* qu'elle ait   } ou
été   } aimée.

Que nous ayons été  
Que vous ayez été   } aimés
Qu'ils *ou* qu'elles   } ou
aient été   } aimées.

### PLUSQUE-PARFAIT.

Que j'eusse été  
Que tu eusses été   } aimé
Qu'il *ou* qu'elle eût   } ou
été   } aimée.

Que nous eussions  
été  
Que vous eussiez été   } aimés
Qu'ils *ou* qu'elles   } ou
eussent été   } aimées.

## INFINITIF.

### PRÉSENT.

Être aimé, *ou* aimée.

### PRÉTÉRIT.

Avoir été aimé, *ou* aimée.

## PARTICIPES.

### PRÉSENT.

Étant aimé, *ou* aimée.

### PASSÉ.

Ayant été aimé, *ou* aimée.

### FUTUR.

Devant être aimé, *ou* aimée.

Ainsi se conjuguent *être béni*, *être aperçu*, *être répandu*, etc., etc., etc.

---

# VERBES NEUTRES.

La plupart des verbes neutres se conjuguent, comme les verbes actifs, avec l'auxiliaire *avoir* : *je dors, j'ai dormi ; j'avois dormi, j'aurois dormi*, etc.

Mais il y a des verbes neutres qui se conjuguent, dans leurs temps composés, avec l'auxiliaire *être*, comme *venir, arriver, tomber*, etc.

## Conjugaison des Verbes Neutres.

### INDICATIF.

#### PRÉSENT.

Je sors.
Tu sors.
Il *ou* elle sort.
Nous sort *ons*.
Vous sort *ez*.
Ils *ou* elles sort *ent*.

#### IMPARFAIT.

Je sort *ois*.
Tu sort *ois*.
Il *ou* elle sort *oit*.
Nous sort *ions*.
Vous sort *iez*.
Ils *ou* elles sort *oient*.

#### PRÉTÉRIT DÉFINI.

Je sort *is*.
Tu sort *is*.
Il *ou* elle sort *it*.
Nous sort *îmes*.
Vous sort *îtes*.
Ils *ou* elles sort *irent*.

#### PRÉTÉRIT INDÉFINI.

Je suis     { sorti
Tu es     { *ou*
Il *ou* elle est     { sortie.

Nous sommes     { sortis
Vous êtes     { *ou*
Ils *ou* elles sont     { sorties.

#### PRÉTÉRIT ANTÉRIEUR.

Je fus     { sorti
Tu fus     { *ou*
Il *ou* elle fut     { sortie.

Nous fûmes     { sortis
Vous fûtes     { *ou*
Ils *ou* elles furent     { sorties.

#### PLUSQUE-PARFAIT.

J'étois     { sorti
Tu étois     { *ou*
Il *ou* elle étoit     { sortie,

Nous étions  { sortis
Vous étiez   { ou
Ils *ou* elles étoient { sorties.

### FUTUR SIMPLE.

Je sorti *rai.*
Tu sorti *ras.*
Il *ou* elle sorti *ra.*
Nous sorti *rons.*
Vous sorti *rez.*
Ils *ou* elles sorti *ront.*

### FUTUR COMPOSÉ.

Je serai   { sorti
Tu seras   { ou
Il *ou* elle sera { sortie.
Nous serons  { sortis
Vous serez   { ou
Ils *ou* elles seront { sorties.

## CONDITIONNELS.

### PRÉSENT.

Je sorti *rois.*
Tu sorti *rois.*
Il *ou* elle sorti *roit.*
Nous sorti *rions.*
Vous sorti *riez.*
Ils *ou* elles sorti *roient.*

### PASSÉ.

Je serois   { sorti
Tu serois   { ou
Il *ou* elle seroit { sortie.
Nous serions  { sortis
Vous seriez   { ou
Ils *ou* elles seroient { sorties.

## On dit aussi :

*Je fusse*   { *sorti*
*Tu fusses*   { ou
*Il ou elle fût* { *sortie.*
*Nous fussions* { *sortis*
*Vous fussiez*  { ou
*Ils ou elles fussent* { *sorties.*

## IMPÉRATIF.

(*Point de première personne
au singulier.*)

Sors.
Qu'il *ou* qu'elle sort *e.*
Sort *ons.*
Sort *ez.*
Qu'ils *ou* qu'elles sort *ent.*

## SUBJONCTIF.

### PRÉSENT ou FUTUR.

Que je sort *e.*
Que tu sort *es.*
Qu'il *ou* qu'elle sort *e.*
Que nous sort *ions.*
Que vous sort *iez.*
Qu'ils *ou* qu'elles sort *ent.*

### IMPARFAIT.

Que je sort *isse.*
Que tu sort *isses.*
Qu'il *ou* qu'elle sort *ît.*
Que nous sort *issions.*
Que vous sort *issiez.*
Qu'ils *ou* qu'elles sort *issent.*

### PRÉTÉRIT.

Que je sois   { sorti
Que tu sois   { ou
Qu'il *ou* qu'elle soit{ sortie.
Que nous soyons { sortis
Que vous soyez  { ou
Qu'ils *ou* qu'elles
soient    { sorties.

### PLUSQUE-PARFAIT.

Que je fusse  { sorti
Que tu fusses  { ou
Qu'il *ou* qu'elle fût{ sortie.
Que nous fussions { sortis
Que vous fussiez { ou
Qu'ils *ou* qu'elles
fussent    { sorties.

<table>
<tr><td>

**INFINITIF.**

PRÉSENT.

Sortir.

PRÉTÉRIT.

Être sorti ou sortie.

</td><td>

**PARTICIPES.**

PRÉSENT.
Sort *ant.*

PASSÉ.
Sorti, sortie, étant sorti.

FUTUR.
Devant sortir.

</td></tr>
</table>

Conjuguez de même les verbes *aller, arriver, déchoir, décéder, entrer, tomber, mourir, naître, partir, rester, descendre, monter, passer, venir,* et ses composés, *devenir, survenir, revenir, parvenir,* etc., etc.

*Remarque.* Quelques verbes *neutres* s'emploient quelquefois *activement,* c'est-à-dire, dans une signification active : ainsi, *parler,* qui est un verbe neutre, s'emploie activement dans cette phrase : *c'est un homme qui parle bien sa langue.*

---

## VERBES RÉFLÉCHIS, RÉCIPROQUES ET PRONOMINAUX.

Les verbes *réfléchis, réciproques* et *pronominaux* se conjuguent comme le verbe *sortir,* c'est-à-dire, qu'ils prennent l'auxiliaire *être,* aux temps composés. Donnons pour modèle la conjugaison du verbe réfléchi *se conduire.*

*Conjugaison des verbes réfléchis.*

<table>
<tr><td>

**INDICATIF.**
PRÉSENT.
Je me conduis.
Tu te conduis.

</td><td>

Il *ou* elle se conduit.
Nous nous conduisons.
Vous vous conduisez.
Ils *ou* elles se conduisent.

</td></tr>
</table>

### IMPARFAIT.

Je me conduisois.
Tu te conduisois.
Il *ou* elle se conduisoit.
Nous nous conduisions.
Vous vous conduisiez.
Ils *ou* elles se conduisoient.

### PRÉTÉRIT DÉFINI.

Je me conduisis.
Tu te conduisis.
Il *ou* elle se conduisit.
Nous nous conduisîmes.
Vous vous conduisîtes.
Ils *ou* elles se conduisirent.

### PRÉTÉRIT INDÉFINI.

Je me suis { conduit
Tu t'es { *ou*
Il *ou* elle s'est { conduite.

Nous nous sommes { conduits
Vous vous êtes { *ou*
Ils *ou* elles se sont { conduites.

### PRÉTÉRIT ANTÉRIEUR.

Je me fus { conduit
Tu te fus { *ou*
Il *ou* elle se fut { conduite.

Nous nous fûmes { conduits
Vous vous fûtes { *ou*
Ils *ou* elles se fu-rent { conduites.

### PLUSQUE-PARFAIT.

Je m'étois { conduit
Tu t'étois { *ou*
Il *ou* elle s'étoit { conduite.

Nous nous étions { conduits
Vous vous étiez { *ou*
Ils *ou* elles s'é-toient { conduites.

### FUTUR SIMPLE.

Je me conduirai.
Tu te conduiras.
Il *ou* elle se conduira.

Nous nous conduirons.
Vous vous conduirez.
Ils *ou* elles se conduiront.

### FUTUR COMPOSÉ.

Je me serai { conduit
Tu te seras { *ou*
Il *ou* elle se sera { conduite.

Nous nous serons { conduits
Vous vous serez { *ou*
Ils *ou* elles se se-ront { conduites.

## CONDITIONNELS.

### PRÉSENT.

Je me conduirois.
Tu te conduirois.
Il *ou* elle se conduiroit.
Nous nous conduirions.
Vous vous conduiriez.
Ils *ou* elles se conduiroient.

### PASSÉ.

Je me serois { conduit
Tu te serois { *ou*
Il *ou* elle se seroit { conduite.

Nous nous serions { conduits
Vous vous seriez { *ou*
Ils *ou* elles se se-roient { conduites.

### On dit aussi :

*Je me fusse* { conduit
*Tu te fusses* { ou
*Il ou elle se fût* { conduite.

*Nous nous fus-sions* { conduits
*Vous vous fussiez* { ou
*Ils ou elles se fus-sent* { conduites.

## IMPÉRATIF.

( *Point de première personne au singulier.* )

Conduis-toi.
Qu'il *ou* qu'elle se conduise.

Conduisons-nous.
Conduisez-vous.
Qu'ils *ou* qu'elles se condui-
sent.

### SUBJONCTIF.

#### PRÉSENT OU FUTUR.

Que je me conduise.
Que tu te conduises.
Qu'il *ou* qu'elle se conduise.
Que nous nous conduisions.
Que vous vous conduisiez.
Qu'ils *ou* qu'elles se condui-
sent.

#### IMPARFAIT.

Que je me conduisisse.
Que tu te conduisisses.
Qu'il *ou* qu'elle se conduisît.
Que nous nous conduisissions.
Que vous vous conduisissiez.
Qu'ils *ou* qu'elles se conduisis-
sent.

#### PRÉTÉRIT.

Que je me sois
Que tu te sois
Qu'il *ou* qu'elle se
soit
} conduit *ou* conduite.

Que nous nous
soyons
Que vous vous
soyez
Qu'ils *ou* qu'elles
se soient
} conduits *ou* conduites.

#### PLUSQUE-PARFAIT.

Que je me fusse
Que tu te fusses
Qu'il *ou* qu'elle se
fût
} conduit *ou* conduite.

Que nous nous fus-
sions
Que vous vous fus-
siez
Qu'ils *ou* qu'elles
se fussent
} conduits *ou* conduites.

### INFINITIF.

#### PRÉSENT.

Se conduire.

#### PRÉTÉRIT.

S'être conduit *ou* conduite.

### PARTICIPES.

#### PRÉSENT.

Se conduisant.

#### PASSÉ.

Conduit, s'étant conduit *ou* conduite.

#### FUTUR.

Devant se conduire.

Conjuguez de même, *s'écrier, s'apitoyer, se repentir, s'abstenir, se plaindre, se repaître, se résoudre, se réjouir, s'asseoir, se taire, s'enfuir, se déplaire, se souvenir, se contredire, se battre, s'en aller,* etc.

Mais pour conjuguer ces verbes et, en général, tous ceux qui offrent quelques dif-

D

ficultés, les élèves feront bien de les chercher auparavant dans mon dictionnaire; ils
y trouveront, outre les temps primitifs, les
temps et les personnes qui renferment quelque exception, quelque irrégularité, etc.

# VERBES UNIPERSONNELS.

Le verbe *unipersonnel* ou *impersonnel*,
se conjugue comme les autres verbes, excepté
qu'il n'a que la 3e. personne du singulier.

## *Conjugaison des Verbes unipersonnels.*

### INDICATIF,

#### PRÉSENT.
Il faut.

#### IMPARFAIT,
Il falloit.

#### PRÉTÉRIT DÉFINI.
Il fallut.

#### PRÉTÉRIT INDÉFINI.
Il a fallu.

#### PRÉTÉRIT ANTÉRIEUR.
Il eut fallu.

#### PLUSQUE-PARFAIT.
Il avoit fallu.

#### FUTUR SIMPLE.
Il faudra.

#### FUTUR COMPOSÉ.
Il aura fallu.

### CONDITIONNELS.

#### PRÉSENT.
Il faudroit.

#### PASSÉ.
Il auroit fallu.

### SUBJONCTIF.

#### PRÉSENT ou FUTUR.
Qu'il faille.

#### IMPARFAIT.
Qu'il fallût.

#### PRÉTÉRIT.
Qu'il ait fallu.

#### PLUSQUE-PARFAIT.
Qu'il eût fallu.

### INFINITIF.

#### PRÉSENT.
Falloir.

### PARTICIPE.

#### PASSÉ.
Ayant fallu.

*Première remarque.* Plusieurs verbes s'emploient quelquefois *unipersonnellement.* Ainsi, le verbe *avoir* est employé unipersonnellement dans cette phrase, *il y a bien loin d'ici là ;* et le verbe *arriver,* dans cette autre, *il arrive souvent que.*

*Deuxième remarque.* Le mot *il* ne marque un verbe *unipersonnel* que lorsqu'on ne peut pas mettre un nom à sa place ; car, lorsqu'en parlant d'un enfant, on dit, *il joue,* ce n'est pas un unipersonnel, parce qu'à la place du mot *il,* on peut mettre *l'enfant,* et dire : *l'enfant joue.*

## CHAPITRE VI.

### SIXIÈME ESPÈCE DE MOTS.

#### Le Participe.

Le *participe* est un mot qui tient du verbe et de l'adjectif, comme *aimant, aimé :* il tient du verbe, en ce qu'il en a la signification et le régime : *aimant Dieu, aimé de Dieu :* il tient aussi de l'adjectif, en ce qu'il qualifie une personne ou une chose ; c'est-à-dire, qu'il en marque la qualité, comme *vieillard honoré, vertu éprouvée.*

Il y a deux sortes de participes, le participe présent et le participe passé.

Le participe présent est toujours terminé en *ant,* comme *chantant, bénissant, apercevant, répandant.*

Le participe passé a plusieurs terminaisons, comme, *chanté, béni, aperçu, répandu, mis, ouvert, écrit, teint, joint, exclus, mort,* etc.

# CHAPITRE VII.

## SEPTIÈME ESPÈCE DE MOTS.

### La Préposition.

La *préposition* est un mot invariable qui sert à marquer les rapports que les choses ont entr'elles.

Le mot qui suit la préposition en est le régime ou complément.

Cette partie du discours s'appelle *préposition,* parce qu'elle se met immédiatement avant son régime ou complément. *La puissance* de *Dieu; voyager* en *Russie; travailler* pour *vivre; tout ce qui est* sous *le ciel,* etc. *De, en, pour, sous,* etc. sont des prépositions suivies des régimes *Dieu, Russie, vivre, ciel,* etc.

La même préposition s'emploie pour indiquer plusieurs rapports différents. Ainsi, il n'est pas possible de les distribuer en classes. Nous allons donner un tableau des prépositions,

## TABLEAU DES PRÉPOSITIONS.

| | | |
|---|---|---|
| A. | En. | Pendant. |
| A cause de. | En deçà de, de deçà, par deçà. | Pour. |
| Après. | | Près de. |
| Attendu *ou* vu. | Entre. | Proche. |
| Auprès, d'après. | Envers *ou* à l'égard. | Quant à. |
| Autour. | Environ. | Sans. |
| Avant. | Excepté. | Sauf. |
| Avec, d'avec. | Hormis. | Selon. |
| Chez. | Hors. | Sous. |
| Contre. | Jusque, jusques. | Suivant. |
| Dans. | Loin de. | Sur. |
| De. | Le long de. | Touchant *ou* concernant. |
| Delà, au-delà, de delà, par delà. | Malgré. | |
| | Moyennant. | . . . . . . . . |
| Depuis. | Nonobstant. | . . . . . . . . |
| Derrière. | Outre. | Vers. |
| Dès. | Par. | Vis-à-vis. |
| Devant. | Par-devers. | Voici. |
| Durant. | Parmi. | Voilà. |

Les principaux rapports que les prépositions expriment, se réduisent à huit ; savoir : rapports de lieu, d'ordre, d'union, de séparation, d'opposition, de but, de cause et de moyen.

La préposition *durant* se met quelquefois après le nom qu'elle régit : sa vie *durant*, six ans *durant*.

*En, dans*. Il y a cette différence entre *il arrivera* en *huit jours*, et *il arrivera* dans *huit jours*, que la première phrase signifie qu'il sera huit jours en chemin ; au lieu que la seconde veut dire qu'il sera arrivé au bout de huit jours, quel que soit d'ailleurs le nombre de jours qu'il mettra ou qu'il aura mis à faire la route.

Après la préposition *en*, le nom est très-rarement précédé de l'article : *être* en *place*; *pêcher* en *eau trouble*; *agir* en *roi*, etc.

*Parmi* ne se met qu'avec un pluriel indéfini, qui signifie plus de deux, ou avec un singulier collectif : *parmi* les hommes, *parmi* le peuple. On ne diroit point *parmi* les deux frères, ni peut-être *parmi* les trois.

*Vis-à-vis* est ordinairement suivi de la préposition *de* : *vis-à-vis* de mes fenêtres. Mais dans le style familier on supprime le *de* : *vis-à-vis* l'église.

*Voici*, *voilà*, servent à *montrer les objets*. *Voici* désigne une chose qui est proche de celui qui parle. *Voilà* désigne une chose un peu éloignée. *Voici* le livre dont on a parlé; *voilà* l'homme que vous demandez.... *Voici*, *voilà* indiquent aussi des choses qui ne s'aperçoivent point par les sens. *Voilà* les services que je lui ai rendus, et *voici* ma récompense.

# CHAPITRE VIII.

## HUITIÈME ESPÈCE DE MOTS.

### *L'Adverbe.*

*L'adverbe* est un mot *invariable*, qui se joint avec les verbes et avec les adjectifs, pour en exprimer les manières ou les circonstances. Ainsi, quand on dit : *cet enfant parle distinctement*, par ce mot, *distinctement*, l'on fait entendre qu'il parle d'une manière plutôt que d'une autre. Quand on dit : *cet homme est* médiocrement *riche*, ce mot, *médiocrement*, modifie l'adjectif *riche*, exprime de quelle manière l'homme dont on parle, est riche.

Ce mot porte le nom d'*adverbe*, parce que, dans la phrase, il se trouve ordinairement placé auprès du verbe.

Il y a plusieurs sortes d'adverbes.

1°. Les adverbes de *manière*, c'est-à-dire, qui expriment la manière dont les choses se font ; comme, *sagement*, *poliment*, *modestement*, *inconsidérément*, etc.

2°. Les adverbes d'*ordre*: *Premièrement*, *secondement*, *d'abord*, *ensuite*, *auparavant*. Exemple : *d'abord* il faut éviter le mal, *ensuite* il faut faire le bien.

3°. Les adverbes de *lieu*, comme, *où*, *ici*, *là*, *deçà*, *au-delà*, *dessus*, *par-tout*, *auprès*, *loin*, *dedans*, *dehors*, *ailleurs*, etc. Exemples : *où* êtes-vous ? je suis *ici*, je vais *là*.

4°. Les adverbes de *temps*. *Hier*, *avant-hier*, *aujourd'hui*, *demain*, *après-demain*, *autrefois*, *bientôt*, *tantôt*, *souvent*, *toujours*, *alors*, *jamais*, etc. Exemple : *cet enfant joue* toujours, *et ne s'applique* jamais.

5°. Les adverbes de *quantité*. *Beaucoup*, *bien*, *peu*, *guère*, *assez*, *trop*, *tant*, *combien*, etc. Exemple : *il parle* beaucoup, *et réfléchit* peu.

6°. Les adverbes de *comparaison*, comme, *plus*, *moins*, *aussi*, *autant*, *très*, etc. Exemple : *plus* sage, *aussi* sage, *moins* sage que vous.

### Remarques.

1°. Certains adjectifs sont quelquefois employés comme adverbes. On dit : *chanter* juste, *parler* bas, *voir* clair, *frapper* fort, *rester* court, *sentir* bon, *coûter* cher, etc.

2°. On appelle *adverbe composé* ou *locution adverbiale*, l'assemblage de plusieurs mots qui, étant joints ensemble, ont force et signification *d'adverbes*. Exemples : *à contre-sens*, *à contre-temps*, *mal à propos*, *tout à coup*, *tout d'un coup*, *coup sur coup*, *tout-à-fait*, *tour à tour*, *peu à peu*, *à peu près*, *de temps en temps*, *tout à l'heure*, *sens dessus dessous*, *pêle-mêle*, *à l'amiable*, etc.

La plupart des adjectifs ont chacun leur adverbe, qui se forme, 1°. du masculin, lorsqu'ils se terminent par une voyelle, en y ajoutant *ment* : *utile*, *utilement* ; *vrai*, *vraiment* ; *ingénu*, *ingénûment* ; *aisé*, *aisément* ; *poli*, *poliment* ; mais *impuni* fait *impunément*.

2°. Du féminin, quand l'adjectif se termine au masculin par une consonne : *doux*, *douce*, *doucement* ; *bon*, *bonne*, *bonne-*

ment; *franc*, *franche*, *franchement*; *civil*, *civile*, *civilement*; mais *gentil* fait *genti-ment*.

3°. Les adjectifs *lent*, *lente*; *présent*, *présente*, suivent aussi cette règle, et font *lentement*, *présentement*. Mais les autres, adjectifs terminés en *ent* et en *ant*, changent les deux dernières lettres *nt* en *mment*: *prudent*, *prudemment*; *élégant*, *élégamment*.

Comment distingue-t-on l'*adverbe* de la *préposition* ?

L'adverbe et la préposition diffèrent l'un de l'autre, en ce que la préposition a toujours un régime exprimé ou sous-entendu, et que l'adverbe n'en est pas susceptible. Exemples : *il est arrivé* avant *moi*... *Vous creusez trop* avant. Dans la première phrase, *avant* est une préposition suivie de son régime *moi*; dans la seconde, c'est un adverbe de lieu.

## CHAPITRE IX.

### NEUVIÈME ESPÈCE DE MOTS.

### *La Conjonction.*

La *conjonction* est un mot *invariable* qui sert à lier une proposition à une autre proposition. Par exemple, quand on dit : *il pleure* et *il rit en même temps*, ce mot *et* joint la première proposition *il pleure*, avec la seconde *il rit*.

On appelle encore *conjonction composée*,

ou *phrase conjonctive*, l'assemblage de plusieurs mots qui servent à joindre des propositions. Par exemple, quand on dit : *il n'en fera rien*, à moins que *vous ne lui parliez ; à moins que* est une *conjonction composée* ou *phrase conjonctive*, qui lie la première proposition *il n'en fera rien*, avec la seconde, il faut *que vous lui parliez.*

Les conjonctions forment neuf classes : les *copulatives*, les *adversatives*, les *disjonctives*, les *explicatives*, les *circonstancielles*, les *conditionnelles*, les *causatives*, les *transitives* et les *déterminatives.*

Les conjonctions *copulatives* sont celles qui ont pour objet l'union des propositions, ou pour affirmer cette union, ou pour la nier, ou pour l'écarter. On comprend dans cette classe : *et, que, ni, aussi*, etc.

Les conjonctions *adversatives* sont celles qui marquent une opposition entre une proposition qui précède et celle qui la suit. Telles sont les conjonctions *mais, quoique, encore que, bien que, néanmoins, toutefois, cependant, pourtant*, etc.

Les conjonctions *disjonctives*, sont celles qui servent à *disjoindre*, séparer, désunir des propositions incompatibles, entre lesquelles on propose un choix, comme *ou, soit.*

Les conjonctions *explicatives* s'emploient pour donner une *explication* claire et détaillée de l'objet. Les conjonctions suivantes sont de cette espèce : *savoir, c'est-à-dire, comme*, etc.

Les conjonctions *circonstancielles* servent de lien à deux propositions dont l'une dépend de l'autre par quelque circonstance de temps ou d'ordre. Telles sont : *lorsque, quand, tandis que, durant que, pendant que, tant que, comme, dès que, avant que, après que, depuis que, jusqu'à ce que*, etc.

Les conjonctions *conditionnelles* expriment la *condition* moyennant laquelle une proposition peut se joindre à une autre, comme : *si, sinon, à moins que, en cas que, pourvu que, à condition que, supposé que, si ce n'est que, sans quoi*, etc.

Les conjonctions *causatives* servent à expliquer la *cause*, le motif de quelque chose.

Nous en avons un bon nombre : *car, puisque, vu que, attendu que, parce que, à cause que, d'autant que, dès que, pourquoi, c'est pourquoi, afin de, afin que, de peur que, de crainte que*, etc.

Les conjonctions *transitives* sont celles au moyen desquelles on passe d'une proposition à une autre qui en dépend. Telles sont : *or, donc, par conséquent, en effet, au reste, du reste, à propos, ainsi, de sorte que, de plus, d'ailleurs, outre que, encore*, etc.

Les conjonctions *déterminatives* sont celles

qui lient ensemble deux propositions dont la seconde sert à *déterminer* le sens de la première, comme dans cette phrase : *Je crois que vous êtes juste.* Nous avons ici deux propositions dont la première est indéterminée, je *crois*; qu'est-ce que je *crois?* La seconde proposition répond à cette question, et *détermine* le sens de la précédente; ainsi, *je crois que vous êtes juste.* La conjonction *que* sert à joindre la proposition *déterminative* à la première, et c'est pour cela qu'elle prend le nom de conjonction *déterminative.*

La conjonction déterminative *que* est la plus usitée de toutes les conjonctions. On la distingue du *que* relatif, en ce qu'elle ne peut pas se tourner par *lequel, laquelle;* et on la distingue du *que* interrogatif, en ce qu'elle ne peut pas se tourner par *quelle chose.*

# CHAPITRE X.

### DIXIÈME ESPÈCE DE MOTS.

## *L'Interjection.*

*L'interjection* est un mot dont on se sert pour exprimer un sentiment de l'ame, comme *la joie, la douleur,* etc.

La joie : *Ah! Bon!*
La douleur : *Aye! Ah! Hélas! Ouf!*
La crainte : *Ha! Hé!*
L'aversion : *Fi, Fi donc.*

L'admiration : *Oh !*
Pour encourager : *Çà. Allons. Courage.*
Pour appeler : *Holà ! Hé !*
Pour faire taire : *Chut. Paix.*

*Remarque.* On appelle *particules* (petites parties), quelques parties élémentaires qui entrent dans la composition de certains mots, pour y ajouter une idée accessoire. Quelques particules se placent avant les mots, avec lesquels elles demeurent entièrement liées. Telles sont les particules *a, en, é, ré* ou *ré,* etc. dans la première syllabe des verbes suivants, *a*guerrir, *a*méliorer, *en*courager, *en*dormir, *é*brancher, *é*denter, *ré*former, *re*bâtir, etc. ; d'autres se placent après les mots, et s'y joignent entièrement, ou s'y attachent par des tirets. Telles sont les particules *là* et *ci* dans voi*ci*, voi*là* ; ce*ci*, ce*là* ; celui-*ci*, celui-*là* ; cet homme-*ci*, cet homme-*là*. Quelques-unes s'emploient seules, et sans être attachées à d'autres mots : telle est la particule explétive *y* dans l'unipersonnel *il y a,* etc.

## REMARQUES PARTICULIÈRES

### SUR LES LETTRES ET SUR LA PRONONCIATION.

*C* devant *a, o, u,* se prononce comme le *k* : *cabaret, colonne, cuve* ; mais devant *e* et *i,* il se prononce comme l's : *ciment, céder* ; et on le prononce de la même manière devant *a*, *o* et *u*, quand on met une cédille dessous, comme en ces mots : *çà*, *façon*, *reçu*.

La lettre *c* ne se fait point sentir dans les mots suivants : *almanach*, *cotignac*, *estomac*, *tabac*, *lacs* (de soie), *broc* (de vin), *marc* ( d'or ) ; mais elle se fait sentir dans *Marc* ( nom propre ).

*Vermicelle* et *violoncelle* se prononcent *vermichelle* et *violonchelle*.

*Ch* se prononce comme *k* dans les mots suivants : *Catéchumène*, *Chersonèse*, *Chalcédoine*, *Chaldéen*, *chaos*, *Eucharistie*, *Archange*, *chirographaire*, *chirologie*, *chiromancie*, *chiromancien*, *Melchior*, *Melchisédech*, *Nabuchodonosor* ; on doit prononcer : *Achille*, *Chypre*, *Achéron*, *chétif*, *chérubin*, *chirurgien*, *archiduc*, *archevêque*, *patriarche*, *Michel*, etc., en la manière ordinaire ; mais *archiépiscopat*, *exarchat*, *Michel-Ange*, se prononcent *arkiépiscopat*, *exarkat* et *Mikel-Ange*.

*D*, à la fin d'un mot, devant un autre mot qui commence par une voyelle ou une *h* muette, se prononce quelquefois comme un *t*. *C'est un grand affronteur ; voilà un grand homme ; le froid est extrême :* prononcez comme s'il y avoit *grant* et *froit*.

*Caen* ( ville ) se prononce *Can*.

Lorsque la lettre *f* est à la fin d'un mot, elle se fait sentir aussi-bien devant les mots qui commencent par une consonne que devant ceux qui commencent par une voyelle. Ainsi, il faut prononcer de la même manière *soif brûlante* et *soif ardente ; vif désir* et *vif amour.* Mais elle est nulle dans *cerf, cerf-volant,* et se prononce dans *serf* (esclave). *F* se fait sentir dans le singulier des mots *œuf, nerf, bœuf ;* mais elle devient nulle au pluriel : on prononce *œus, ners, bœus.* On dit encore un *œu* dur, un *ner* délicat, un *bœu* salé ; mais dites un *bœuf* à la mode. *F* se change en *v* dans le mot *neuf* ( nom de nombre ), quand le mot suivant commence par une voyelle. Exemple : *il y a neuf ans ;* prononcez *neuv* ans. Mais elle se prononce, lorsqu'on dit : *un* neuf *de cœur,* et dans l'adjectif *neuf, un habit* neuf, *des habits* neufs.

*G* devant *a*, *o* et *u*, se prononce dur ; et devant *e* et *i*, il s'amollit et se prononce comme *j* consonne. La différence de ces deux prononciations se voit dans ce mot, *gage.*

*G* avec *n* forme une prononciation mouillée, comme en ces mots : *digne, signal, agneau, magnétisme, incognito ;* mais il a le son ferme dans *gnome, gnostique, Progné, inexpugnable, stagnant, ignée.*

Les mots *signet* ( d'un livre ) et *Regnard* ( poëte françois ), sont les seuls où *gn* se prononce comme *n ;* dites *sinet* et *Renard.*

Quand le *g* est final, et qu'il est suivi immédiatement d'un mot qui commence par une voyelle, il se prononce ordinairement comme un *c*; un *sang aduste*, un *long hiver*.

A la fin de quelques mots, il ne se prononce point du tout, même devant une voyelle, comme en ces mots : *étang*, *faubourg*. Il se prononce à peu près comme *k* dans *bourg*.

*H* est aspirée dans *héros* : on dit, *le héros*; mais elle n'est point aspirée dans *héroïsme*; on dit : *l'héroïsme de la vertu*.

La lettre *h* ne se prononce point dans le mot *anachorète*.

Quand *h* se trouve après un *p* dans les mots d'origine grecque ou hébraïque, ces deux lettres ensemble se prononcent comme une *f*, par exemple, dans ces mots : *Séraphin*, *Japhet*, *Philippe*, *Phalaris*, *physique*, *philosophie*, *sphinx*, etc.

Quand l'*I* voyelle, ou la consonne *J* sont majuscules, alors on supprime le point, dont ailleurs ils doivent être surmontés.

Lorsque la lettre *l* est double, et qu'elle est précédée de *ai*, *ei*, *oui*, elle se prononce mouillée, comme en ces mots : *travailler*, *maille*, *bâiller*, *veiller*, *recueillir*, *fouiller*, *grenouille*. Elle se prononce aussi de même en quelques mots où elle n'est précédée que d'un *i*, comme en ceux-ci : *fille*, *quille*, *briller*, et plusieurs autres.

La même prononciation est suivie dans les mots qui finissent en *ail*, *eil*, *ueil* et *ouil*, par *l* simple , comme *travail* , *réveil*, *cercueil*, *œil*, *fenouil;* et dans quelques autres qui ne finissent que par *il*, comme *mil* (dans la signification de millet).

Il y a quelques mots , comme *sourcil*, *outil*, *baril*, *gentil*, qui finissent par *il*, et dans lesquels *l* ne sonne point du tout. On prononce comme s'il y avoit *sourci*, *outi*, *bari*, *genti*. Mais *l* est mouillée dans *gentilhomme* ( celui qui est noble de race ); on écrit au pluriel *gentilshommes*, et on prononce *gentizommes*.

Quand la lettre *m* est à la fin d'un mot, elle ne prend qu'un son nasal. Ainsi on prononce, *nom*, *parfum*, *faim*, comme s'il y avoit, *non*, *parfun*, *fain;* mais dans la plupart des mots étrangers, comme *Abraham*, *Jérusalem*, *Stockholm*, *Amsterdam*, etc. , elle se prononce comme si elle étoit suivie d'un *e muet*. Elle a le son nasal dans *Adam*.

Cette lettre ne se prononce encore que comme *n*, quand elle est au milieu d'un mot devant *b*, *p* ou *n;* ainsi on prononce : *emblème*, *emploi*, *embarras*, *empire*, *impatience*, *comparaison*, *condamner*, comme s'il y avoit *enblème*, *enploi*, *enbarras*, *enpire*, *inpatience*, *condanner*. Il en faut excepter certains mots, comme *amnistie*, *Memnon*, *somnifère*, etc. qui sont empruntés des autres langues, où elle retient toute sa prononciation. Lorsque cette lettre est redoublée dans les mots composés de la particule *en*, la première se prononce encore comme *n*; ainsi on prononce *emmener*, *emmaillotter*, etc., comme si on écrivoit, *enmener*, *enmaillotter*. Hors de là, elle retient sa prononciation ordinaire, comme dans *immédiatement*, *comminatoire*, etc.

*O* ne se fait point sentir dans les mots suivants : *faon*, *Laon*, *paon*, qu'on prononce comme *fan*, *Lan*, *pan*; *août* (huitième mois de l'année) se prononce *oût*. Mais l'*a* se fait entendre dans le verbe *aoûter* (terme de jardinage); *aoriste* se prononce *oriste*; *taon* se prononce *ton*; *Saône* se prononce *Sône*.

*O* précédé de *ge* sans accent (*geo*), se prononce comme s'il étoit précédé d'un *J*. Exemples : *geolage*, *geole*, *géolier*, *geolière*, *Georges*, prononcez *jolage*, *jole*, *jolier*, *jolière*, *Jorges*, etc.

On ne fait guère sonner la lettre *s* à la fin d'un mot, si ce n'est lorsque le mot qui suit commence par une voyelle. Ainsi, dans ces mots, *mes propres intérêts*, on fait sonner *s* de la dernière syllabe de *propres*, comme si le mot *propre* finissoit par un *e* muet, et que le suivant commençât par un *z* : *mes propre zintérêts*. Cependant on prononce toujours l'*s* finale des mots suivants : *aloès*, *as*, *bibus*, *blocus*, *dervis*, *gratis*, *jadis*, *laps*, *maïs*, *Mars*, *Rheims*, *Rubens*.

L'*s* ne se prononce point dans le mot

*christ*, lorsqu'il est précédé de celui de *Jésus;* mais elle se prononce toutes les fois que le même nom se dit seul. On ne la fait point sentir dans le mot *antechrist.*

*S* entre deux voyelles se prononce comme z. Exemples : *maison, poison, rose, fraise, amuser,* etc. Cependant elle a le son ferme dans *préséance, présupposer, désuétude, monosyllabe, parasol, persécution, vraisemblance.*

*T* ne se prononce pas à la fin de ces mots, *respect, aspect,* même quand le mot suivant commence par une voyelle ou une *h* muette : ainsi prononcez *respect humain,* comme s'il y avoit *respec humain.*

*U* précédé de *q (qu),* a le son de *cou* dans *aquatile, aquatique, équateur, équation, in-quarto, quadragénaire, quadragésime, quadrature, quadrupède, quadruple, quartenaire,* etc.

*Qu* a le son de *cu* dans *équestre, liquéfaction, questeur, Quinte-Curce, quintuple,* etc.

*Qu* se prononce comme *k* dans *quidam, quiproquo, liquéfier.*

*U* précédé de *g (gu),* a le son doux dans les mots *guise* ( manière ), *anguille, sanguin, sanguinaire :* prononcez *ghise, anghille,* etc. Mais faites sentir l'*u* dans ces mots : *Guise* ( le duc de Guise ), *aiguille, aiguillon, aiguiser,* etc.

Prononcez et écrivez, *vide*, *vider*, *vidanger*, et non pas *vuide*.

Écrivez *Laws*, et prononcez *Las* : le système de *Las*.

*X* a tantôt le son de *cs* joints ensemble, comme dans *Xantipe*, *Xerxès*, *extrême*, *axe*, *taxe*, *Aix-la-Chapelle*, etc. ; tantôt de *gz* aussi joints ensemble, comme dans *exercice*, *Xavier*; tantôt d'un *c* dur, comme dans *excepter*; tantôt enfin il se prononce comme *s*, par exemple, dans les mots *Auxerre*, *Bruxelles*, *Aix*; tantôt comme *z*, par exemple, dans *deuxième*, *sixième*, etc.

A la fin du mot, il a le son tantôt de *cs* joints ensemble, comme dans ceux-ci, qui ont passé de la langue grecque dans la nôtre, *Styx*, *sphinx*, *lynx*, etc. ; et dans ce mot pris du latin, *préfix*; tantôt il se prononce comme *s* à la fin d'un mot, c'est-à-dire, que devant une voyelle, il a le son adouci du *z*, comme *baux à longues années*.

En certains mots, tels que *dix* et *six*, il ne se prononce point devant une consonne; il a le son du *z* devant une voyelle; et quand il est final, ou qu'il est suivi d'un repos, il se prononce fortement comme *s*.

### *Des Diphthongues.*

La diphthongue est une syllabe qui fait entendre le son de deux voyelles en un seul temps, et par une seule émission de voix.

Les diphthongues les plus usitées sont :

| | |
|---|---|
| ai | *mail.* |
| ia | *diamant.* |
| iaïs | *biais.* |
| ié | *pitié.* |
| iè | *bière.* |
| ien | *bien.* |
| ieu | *dieu.* |
| io | *fiole.* |
| ion | *portion.* |
| iou | *chiourme.* |
| oi | *loi.* |
| oin | *loin.* |
| ouin | *babouin.* |
| oui | *oui , fouine.* |
| ui | *lui.* |

# SECONDE PARTIE.

## LA SYNTAXE.

L'office de la *syntaxe* est d'expliquer tout ce qui concerne le concours des mots réunis pour exprimer une pensée. Quand on veut transmettre sa pensée par le secours de la parole, la totalité des mots que l'on réunit pour cette fin, fait une proposition.

La *proposition* est l'*expression d'un jugement.* Quand je dis : *Dieu est juste,* c'est un jugement que j'énonce. Pour former ce jugement, je dois avoir l'idée du *sujet* ou *substantif* Dieu. Je dois avoir pareillement l'idée de l'*attribut* ou *adjectif* juste. Je compare ces deux idées ensemble , et , reconnoissant qu'elles se conviennent parfaitement, j'énonce cette convenance, en disant : *Dieu est juste.*

Une *proposition* renferme donc deux parties intégrantes, deux termes essentiels, le *sujet* qui répond à l'idée principale, et l'*attribut*, qui répond à l'idée accessoire, et qui modifie l'idée principale. Nous n'admettons point d'autres éléments constitutifs de la *proposition*, parce que la nature ne nous offre que *substances* et *modifications.*

Pour joindre l'*attribut* au *sujet*, l'*adjectif* au *substantif*, il faut un mot, et ce mot est le *verbe*, le mot par excellence, sans lequel il n'y a point de proposition, point de discours.

Le verbe unique, le verbe seul nécessaire, c'est, comme nous l'avons dit, le verbe substantif *être.*

Les verbes *adjectifs* renferment le verbe *être* et l'*attribut.* Toute proposition peut donc se réduire à ces trois parties, le *sujet*, l'*attribut*, et le *verbe* être. *Je dors*, se décompose ainsi, *je suis dormant... Va*, équivaut à : *toi, sois allant.*

La *proposition* se divise en plusieurs espèces. Celles qu'il importe le plus de connoître, sont les propositions *principales* et les propositions *incidentes.*

La proposition *principale* est celle qui contient ce que l'on veut spécialement faire entendre.

La proposition *incidente* est une proposition particulière liée à la proposition principale, pour en expliquer ou déterminer soit le sujet, soit l'attribut.

La *phrase* diffère de la *proposition*. Dans cette invocation : *descends du haut des cieux, auguste vérité*, si je fais une inversion, et que je dise, *du haut des cieux descends, auguste vérité;* ou bien, *auguste vérité, descends du haut des cieux*, j'aurai trois *phrases* différentes, et je n'aurai qu'une seule *proposition*. Ce seroit donc une erreur que de confondre le mot *phrase* avec celui de *proposition*.

Nous appellerons *phrase* tout assemblage de mots réunis pour l'expression d'une idée quelconque ; et comme la même idée peut être exprimée par différents assemblages de mots, elle peut être rendue par des *phrases* toutes différentes.

L'arrangement des mots qui entrent dans la phrase ou dans la proposition se rapporte à deux chefs principaux, la *concordance* et le *régime*.

Les règles que la syntaxe prescrit sur la concordance, ont pour fondement un rapport d'identité entre les mots qu'elle fait accorder, parce qu'ils expriment conjointement un même et unique objet. Ainsi, la syntaxe prescrit ordinairement l'accord d'un mot *modificatif* avec un mot *subjectif*, parce que la modification d'un sujet n'est autre chose que le sujet modifié. Le modificatif se rapporte au subjectif, ou par apposition, ou par attribution : par apposition, lorsqu'ils sont réunis par une seule idée précise, comme quand on dit, *ces hommes savants ;* par attribution, lorsque le modificatif est l'attribut d'une proposition dont le subjectif est le sujet, comme quand on dit, *ces hommes sont savants.* Cette concordance comprend les genres, les nombres et les personnes.

La syntaxe de *régime* établit les règles pour indiquer le rapport de détermination d'un mot à un autre. Le mot qui est en régime sert à rendre moins vague le sens général de l'autre mot auquel il est subordonné ; et celui-ci, par cette application particulière, acquiert un degré de précision qu'il n'a point par lui-même. Par exemple, dans cette phrase, *le poirier* de *mon jardin est fleuri :* le mot *poirier,* pris seul, a une signification vague et indéterminée; mais le mot *jardin* qui lui est subordonné et qui est le régime de la préposition *de,* laquelle met en rapport les substantifs *jardin* et *poirier,* donne à celui-ci une précision qu'il n'avoit point; c'est le *poirier de mon jardin,* et non un poirier en général. De même, dans cette phrase, *mon fils est privé de la vue ;* l'adjectif *privé,* considéré seul, n'a qu'une signification vague. Mais ces mots *de la vue* sont le complément de la phrase, et le substantif *vue*, régime de la préposition *de*, détermine l'adjectif *privé*. La syntaxe de régime comprend les moyens de joindre les substantifs aux substantifs, les substantifs aux adjectifs, les verbes aux verbes, ou aux prépositions et aux conjonctions, etc.

Nous allons développer ces principes et les appliquer successivement à chacune des diverses espèces de mots que nous avons déjà fait connoître dans la première partie.

# CHAPITRE PREMIER.

## SYNTAXE DES SUBSTANTIFS.

### *Fonctions du Substantif.*

Le substantif a trois fonctions dans le discours : il y est ou en sujet, ou en apostrophe, ou en régime.

Le substantif est en sujet, toutes les fois qu'il est ce dont on affirme quelque chose. Quand on dit, *l'homme raisonne ; la brute ne raisonne point*, les substantifs *homme* et *brute* sont en sujet, parce qu'on affirme de l'homme, qu'*il raisonne* ; et de la brute, qu'*elle ne raisonne* point.

PRINCIPE GÉNÉRAL. C'est au substantif sujet que tout se rapporte dans le discours. Dans cette phrase, *un homme ambitieux ne se laisse point rebuter par les difficultés qu'il trouve sur son chemin ; il se refond, il se*

E

*métamorphose , il force son naturel et l'as-sujettit à sa passion,* l'adjectif *ambitieux* modifie le substantif sujet *homme ,* et tout le reste modifie *un homme ambitieux.*

Le substantif est en apostrophe , lorsqu'il est la personne ou la chose à laquelle on adresse la parole , comme : rois , *soyez attentifs.* Peuples, *prêtez l'oreille. Répondez,* cieux et mers , *et vous ,* terre , *parlez.* On ne fait ordinairement des apostrophes qu'aux êtres vivants et animés. Mais dans les transports de l'imagination , l'orateur et le poëte s'adressent à la nature entière ; ils donnent des sens , une ame , des sentiments à tout ce qui existe.

Le substantif est en régime , quand il dépend immédiatement d'un autre mot dont il restreint la signification. Or , le substantif peut dépendre ou d'un autre substantif, ou d'un adjectif, ou d'un verbe, ou d'une préposition : *la loi* de *Dieu ; promenade utile à la santé ;* aimer *ses parents ; loger* chez *son ami.*

*Règle.* Un substantif ne peut être régime d'un autre substantif, qu'à l'aide d'une préposition : *la beauté* de *l'univers ; moulin* à *vent. Drogue* pour *drogue, je préfère la casse* au *séné.*

Nous parlons ailleurs des substantifs régis par des adjectifs, des verbes et des prépositions.

## Du genre des Substantifs.

On comptoit autrefois beaucoup de substantifs qui étoient des deux genres. L'usage
en a diminué le nombre.

Boileau regardoit le mot *équivoque* comme
étant des deux genres. Equivoque *maudit* ou
*maudite*, disoit-il ; aujourd'hui le genre de
ce nom est bien certainement le féminin.

Le mot *automne* avoit aussi les deux genres ; on lit, dans le Dictionnaire de l'Académie, *un bel automne*, et *une automne
froide et pluvieuse*. Mais l'usage attesté par
d'Alembert ne permet plus de donner à ce
nom que le genre masculin. D'ailleurs, l'ana-
logie avec la dénomination masculine des
trois autres saisons de l'année sembloit l'exiger.

Le mot *épiderme*, que Molière a cru féminin, est du genre masculin : *le simple épiderme*. ( L'épiderme est la première peau de
l'animal, et la plus mince. )

Nous allons faire connoître plusieurs substantifs qui ont conservé les deux genres.

Le mot *aide* est du féminin, quand il signifie l'assistance, le secours qu'une personne donne à une autre : *aide prompte,
aide assurée*. Il est encore du genre féminin
quand il exprime la personne même dont on
reçoit le secours : *vous êtes toute son aide*.
Mais il est du masculin, quand on s'en sert
pour désigner des personnes dont l'emploi

consiste à être auprès de quelqu'un pour servir conjointement avec lui et sous lui : *un
aide de camp*, *un aide major*, *un aide de
cuisine*.

*Aigle* est un nom masculin, lorsqu'on
l'emploie pour désigner le plus grand et le
plus fort des oiseaux de proie. Ainsi on dit
*un* aigle *noir*, *un* aigle *fier* et *courageux*.

Mais *aigle*, en termes d'armoiries et de
devises, est féminin. Ainsi, on dit : *l'aigle
impériale* pour dire, *les armes de l'empire*.
On dit aussi *l'aigle romaine*, les *aigles romaines*, pour dire *les enseignes des légions
romaines*, parce qu'en haut de ces enseignes, il y avoit la figure d'un aigle.

*Amour*, masculin en prose, devient, dans
les vers ou dans la prose poétique, masculin
ou féminin, au gré de l'auteur. Racine a dit
dans Bajazet :

Avant que dans son cœur cette amour fût formée.

Au pluriel, sur-tout, le féminin paroît
avoir de la grâce. *Mes premières amours ;
de folles amours.*

Le mot *couple* est du genre féminin, quand
il marque seulement le nombre de *deux :
une couple d'œufs, une couple de chapons,
une couple de boîtes de confitures*, donnez-
m'en *une couple*.

Mais il est du masculin, quand il signifie
deux personnes unies ensemble par mariage ;

*beau couple ; heureux couple ; voilà un beau couple.*

Il s'emploie encore au masculin, en parlant des animaux, pour exprimer le mâle et la femelle. Ainsi, on dit: *un couple de perdrix, un couple de tourterelles*, pour signifier le mâle et la femelle.

D'après cela, il est aisé de comprendre quelle différence il y a entre *un couple de pigeons*, et *une couple de pigeons. Un couple de pigeons* exprime le mâle et la femelle. *Une couple de pigeons* indique seulement le nombre de deux pigeons pris dans un plus grand nombre.

On dit dans le premier sens : *un couple de pigeons* est suffisant pour peupler une volière.

On dit dans le second : *une couple de pigeons* ne sont pas suffisants pour le dîner de six personnes. Ici le mot *couple* est employé comme nom partitif.

— *Délice*, masculin au singulier, est féminin au pluriel. *C'est* un *délice de boire frais en été ; ces enfants font mes plus* chères *délices.*

*Echo* est masculin, quand il signifie la répétition du son ; *un bon écho ; l'écho est* sourd *à ma voix.*

Il est féminin, quand il désigne la nymphe de ce nom. *Echo étoit amoureuse de Narcisse.*



5

*Enfant* est masculin, quand on parle d'un garçon ; *c'est* un bon *enfant* ; *voilà* un joli *enfant*...... Il est féminin, quand on parle d'une fille : *voilà* une belle *enfant* ; *vous êtes* une jolie *enfant* ; *c'est* la meilleure enfant *du monde* ; la pauvre *enfant !*

*Enseigne* est masculin, lorsqu'il désigne un officier qui porte le drapeau. Exemple : *un enseigne monta le premier à la brèche.*

Il est féminin dans toute autre acception. *Je le reconnus à l'enseigne qu'on m'en avoit* donnée ; *venir à* bonnes enseignes ; *il loge à* une telle enseigne ; *tambour battant, enseignes* déployées ; *les enseignes Romaines ; il portoit une enseigne de diamants au chapeau ; elle portoit à sa coiffure une enseigne de pierreries.*

*Exemple* est toujours du masculin, si ce n'est quand il signifie un modèle d'écriture, comme dans cette phrase : *ce maître écrivain donne de* belles exemples *à ses élèves.*

*Foudre ;* le *foudre vengeur ; être frappé* du *foudre ; être frappé* de la *foudre ;* on dit au figuré, un grand *foudre de guerre,* pour signifier un général d'armée, qui a remporté plusieurs victoires et donné des preuves d'une valeur extraordinaire. En cette acception, il est toujours masculin. On dit semblablement, un *foudre d'éloquence,* pour signifier un grand orateur.

*Garde* est du masculin, lorsqu'il signifie un homme armé qui est destiné pour faire la garde auprès d'un magistrat suprême, d'un Empereur, d'un Roi, d'un Prince, etc. *Il n'avoit avec lui qu'un de ses gardes.*

Mais il est du féminin, lorsqu'il présente une réunion d'hommes : *la garde* de l'Empereur ; *la garde parisienne ; la garde nationale.*

*Gens* est du genre masculin, lorsqu'il est suivi d'un adjectif : *gens instruits ; gens éclairés.*

Il est du genre féminin, lorsque l'adjectif le précède : *ce sont de* bonnes *gens ; voilà de* sottes *gens.* Il n'y a d'exception que pour l'adjectif *tout,* qui étant mis devant *gens,* y est toujours masculin, comme : *tous les gens de bien ; tous les honnêtes gens.* On ne peut même pas dire : *toutes les bonnes gens ;* ce mot *toutes* ne peut être placé devant *gens* avec les autres adjectifs féminins que le substantif *gens* demande.

*Guide* est masculin, quand il indique celui ou celle qui conduit une personne : *bon, fidelle, sûr* guide. Il est féminin, quand il signifie la rêne qui sert à conduire un cheval attelé à un carrosse ou à un cabriolet : *la guide du côté droit de ce cheval s'est* rompue.

*Hymne* est ordinairement masculin. On dit : *des* hymnes *républicains.* Cependant, suivant l'Académie, il s'emploie au féminin en parlant des hymnes qu'on chante dans l'église : *entonner* une *hymne ; Santeuil a composé de* belles *hymnes*.

*Manche* est du masculin, quand il désigne la partie d'un instrument par où on le prend pour s'en servir : *le* manche *d'un couteau ;* long *manche ;* court *manche ; le manche est* rompu *; cette cognée branle* au *manche, branle dans* le *manche ; jeter* le *manche après la cognée*.

Mais il est féminin, lorsqu'il indique la partie du vêtement dans laquelle on met le bras : la *manche d'une robe, d'une chemise ; les manches sont trop* courtes.

*Manœuvre* est masculin, lorsqu'il signifie un homme qui travaille de ses mains, un aide à maçon, un aide à couvreur. On l'emploie au figuré et par mépris pour désigner un homme qui exécute un ouvrage d'art grossièrement et par routine : *ce n'est* qu'un *manœuvre*.

Il est féminin, lorsqu'il exprime ce qui se fait pour le gouvernement d'un vaisseau, ou les mouvements qu'un général d'armée fait exécuter à ses troupes ; *comme ils se virent en présence, ils firent* une *manœuvre qui leur fit gagner le vent sur les ennemis....... les ennemis croyoient l'avoir enfermé, mais il fit* une *manœuvre qui les déconcerta fort.*

Il se dit encore au figuré de la conduite

bonne ou mauvaise qu'on tient dans les affaires du monde : *il a fait* une *manœuvre qui a gâté ses affaires ; il a fait là* une *étrange manœuvre.*

*Œuvre* est féminin, quand il signifie une action, un ouvrage : la moindre *des œuvres de la nature est plus* parfaite *que* toutes celles *de l'art.* Selon la Genèse, l'œuvre *de la création fut* achevée *en six jours ; les chrétiens disent que* l'œuvre *de la rédemption fut* accomplie *sur la croix.*

Mais *œuvre* est masculin, lorsqu'on s'en sert en alchimie, pour exprimer la pierre philosophale, et il ne s'emploie qu'au singulier avec le mot *grand : travailler au* grand *œuvre.*

On se sert encore au masculin du mot d'*œuvre*, en parlant d'estampes, pour dire, le recueil de toutes les estampes d'un même graveur : *avoir* tout *l'œuvre de Callot....* Il se dit aussi des ouvrages des musiciens : *le* premier, *le* second *œuvre* de Sacchini.

*Orgue* est masculin au singulier : *un bon orgue ; l'orgue d'une telle église est* excellent ; *un orgue portatif.* Mais le mot *orgues*, au pluriel, est du féminin : *il y a de* bonnes *orgues en tel endroit :* des *orgues portatives.*

*Parallèle* est un substantif féminin, lorsqu'il signifie une ligne parallèle à une autre : *tirer* une *parallèle.*

Il est masculin, lorsqu'il désigne un cercle parallèle à l'équateur : *tous ceux qui sont sous le même parallèle, ont la même latitude, ont les jours et les nuits de la même longueur.* Il est encore masculin, lorsqu'il exprime la comparaison de deux choses ou de deux personnes entr'elles : un *juste parallèle ; faire le parallèle de* Charlemagne *avec* Napoléon.

*Période* est féminin, lorsqu'on s'en sert pour exprimer la révolution ou le cours que fait un astre pour revenir au même point dont il étoit parti : *le soleil fait* sa *période en trois cent soixante-cinq jours et près de six heures ; la lune fait* sa *période en vingt-neuf jours et demi. Période* a le même genre, lorsqu'il se dit de la révolution d'une fièvre qui revient en certains temps réglés : *la fièvre quarte et toutes les autres fièvres intermittentes ont leurs périodes* réglées. Enfin, *période* est encore du féminin, quand il signifie la portion d'un discours, arrangée dans un certain ordre, et composée de plusieurs membres, qui, pris ensemble, renferment un sens complet : *période* longue ; *période* courte ; *période* nombreuse ; *période bien* arrondie.

Mais *période* est masculin, lorsqu'il est pris au figuré pour exprimer le plus haut point où une chose puisse arriver, ou lorsqu'il signifie un espace de temps vague : *Démos-*

*thène et Cicéron ont porté l'éloquence à* son *plus* haut *période..... dans* un certain *période de temps ; dans* le dernier *période de sa vie.*

*Personne* est féminin, lorsqu'il signifie un homme ou une femme ; *c'est* la *personne du monde qui reçoit le mieux ses amis ; des* personnes constituées *en dignité ;* des personnes *fort* éclairées.

Mais lorsque le mot *personne* signifie *nul, qui que ce soit,* il est masculin singulier et toujours précédé ou suivi d'une négation : *personne ne sera assez* hardi ; *il n'y a personne si peu* instruit *des affaires, qui ne* sache.... etc.

*Vase* est masculin, quand il signifie un vaisseau propre à contenir quelque liqueur : *vase* fêlé, *vase* précieux, *vase* sacré. Il est féminin lorsqu'il exprime la bourbe qui est au fond des rivières, des marais, etc. : *ce bateau s'est enfoncé dans* la *vase.*

Il y a beaucoup d'autres substantifs des deux genres, dont l'énumération seroit trop longue.

DU NOMBRE DANS LES SUBSTANTIFS.

*Formation du Pluriel dans les Substantifs composés.*

Quand un nom est composé de deux substantifs, ils prennent tous deux la marque du pluriel. Exemple : un *chef-lieu*, des *chefs-lieux*.

Quand un nom est composé d'un substantif et d'un adjectif, l'un et l'autre prennent également le signe du pluriel. Exemples : un *arc-boutant*, des *arcs-boutants* (le *c* ne se prononce point) ; un *chat-huant*, des *chats-huants* (le *t* de la première syllabe ne se prononce point, et l'*h* de la seconde est aspirée.)

Si le nom est composé de deux substantifs unis par une préposition, on ne met la marque du pluriel qu'au premier des deux substantifs. Exemples : un *arc-en-ciel*, des *arcs-en-ciel* ; un *bec-de-corbin*, des *becs-de-corbin* ; un *chef-d'œuvre*, des *chefs-d'œuvre* ; un *bout-d'aile*, des *bouts-d'aile*, etc.

S'il est composé d'un substantif joint à un verbe ou à une préposition, le substantif seul se met au pluriel. Exemples : un *abat-jour*, des *abat-jours* ; un *boute-feu*, des *boute-feux* (il est formé du verbe *bouter*, qui ne se dit plus) ; un *passe-port*, des *passe-ports* ; un *perce-lettre*, des *perce-lettres* ; un *avant-coureur*, des *avant-coureurs* ; une *avant-pêche*, des *avant-pêches* ; une *contre-danse*, des *contre-danses*, etc.

Mais le substantif *passe-partout*, composé d'un verbe et d'un adverbe, ne prend point la marque du pluriel : un *passe-partout*, des *passe-partout*.

# CHAPITRE II.

## SYNTAXE DE L'ARTICLE.

Iʳᵉ. RÈGLE. Quand on emploie l'article, on doit le répéter avant tous les substantifs sujets ou régimes.

### EXEMPLES.

La *fraude*, la *violence*, le *parjure*, les *procès*, les *guerres ne font jamais entendre leur voix cruelle et empestée dans ce pays chéri des dieux.* (TÉLÉMAQUE.)

*Je ne vous peindrai point le tumulte et les cris,*
*Le sang de tous côtés ruisselant dans Paris ;*
*Le fils assassiné sur le corps de son père,*
*Le frère avec la sœur, la fille avec la mère, etc.*

(HENRIADE.)

IIᵉ. RÈGLE. La place de l'article est toujours avant les substantifs ; de façon que si les substantifs sont précédés d'un adjectif, même modifié par un adverbe, l'article doit être à la tête de ces mots, mais néanmoins après les prépositions.

### EXEMPLE.

La *plus belle victoire est celle que nous remportons sur nous-mêmes.*

*Exception.* L'adjectif *tout*, et ces titres de qualité, *monsieur, madame, monseigneur* déplacent l'article ; on le met alors entre ces mots et les substantifs. Exemples :

*mon frère est aimé de tout* le *monde ; à monsieur* le *duc; à madame* la *comtesse ,* etc.

## *Suppression de l'Article.*

On supprime l'article, devant les noms communs, pris dans une partie indéterminée de leur signification, lorsque ces mots sont précédés de leur adjectif.

### *EXEMPLES.*

*Cet homme n'est pas dépourvu* de *grands talents ,* et non pas *des* grands talents. *J'ai vu* de *belles maisons ,* et non pas *des* belles maisons. *J'ai bu* de *bon vin ,* et non pas *du* bon vin. *J'ai mangé* de *bonne viande ,* et non pas *de la* bonne viande , etc.

Mais si les noms sont employés dans un sens déterminé , il faut mettre l'article, lors même que ces noms sont précédés de leur adjectif.

### *EXEMPLES.*

*Cet homme n'est pas dépourvu* des *grands talents qu'exige sa place.* Le substantif *talents ,* a ici un sens déterminé , que ces mots, *qu'exige sa place ,* servent à lui donner. *Ce marchand s'est défait avantageusement* des *belles étoffes qu'il avoit achetées à un prix modique ;* le substantif *étoffes* est employé ici dans un sens déterminé , que lui donnent ces mots, *qu'il avoit achetées à un prix modique.*

Racine a donc fait une faute, en disant dans sa tragédie de *Mithridate : Qui sait si ce roi*

> N'accuse point le ciel qui le laisse outrager,
> Et *des* indignes fils qui n'osent le venger.

Il auroit fallu *d'indignes fils*, ou plutôt *et deux indignes fils*.

On supprime aussi l'article après les adverbes de quantité. Exemples : *cet homme a* beaucoup *de chagrin*, peu *de courage ; que vous me causez de joie !* Mais après l'adverbe de quantité *bien*, on met l'article. Exemples : *il a bien* du *chagrin*, bien *du courage*, bien *de la joie*, etc. La raison de cette exception, c'est que *bien* est aussi un substantif. On dit, *un bien de ville, un bien de campagne.* Et pour distinguer le substantif *bien* de l'adverbe *bien*, on a dû mettre l'article après celui-ci. Si, au lieu de dire, *il a bien de l'éclat, bien de la peine*, on disoit : *il a bien d'éclat, bien de peine*, la phrase perdroit de sa clarté ; on pourroit prendre le mot *bien* pour un nom, et demander ce que c'est qu'*un bien d'éclat, un bien de peine.*

*Remarque.* Quelquefois on supprime l'article devant les noms, pour rendre la diction plus vive. Quand on dit : *pauvreté n'est pas vice*, on s'exprime plus vivement que si l'on disoit : *la pauvreté n'est pas un vice.* Voyez aussi cette phrase de Fléchier : *ci-*

toyens, étrangers, ennemis, peuples, rois, empereurs *le plaignent et le révèrent.* Elle a bien plus de vivacité, d'énergie et de grâce, qu'elle n'en auroit, en rétablissant les articles : les *citoyens,* les *étrangers,* etc. *le plaignent et le révèrent.*

RÈGLE. On doit supprimer l'article devant les noms communs,

1°. Quand ils sont en apostrophe ou en interjection :

Ô rives du Jourdain, ô champs aimés des cieux !

2°. Quand ils sont sous le régime de la préposition *en : être* en *ville ; regarder* en *pitié ; raisonner* en *homme sensé.*

3°. Quand ils s'unissent aux verbes *avoir, faire,* etc. pour n'exprimer avec ces verbes qu'une seule idée : *avoir envie, faire peur, chercher fortune, porter malheur, tenir parole,* etc.

4°. Quand ils sont unis par les prépositions *à* ou *de* à un mot qui précède, pour en exprimer un mode, une manière d'être, comme, *cheminée* de *marbre, tabatière* d'*or, table* à *tiroir, lit* à *colonnes,* etc.

5°. Devant les noms propres de divinités, d'hommes, de villes.

### *EXEMPLES.*

C'est Jupiter *armé pour effrayer la terre.*
Écho *n'est plus un son qui dans l'air retentisse.*
Rome *enfin se découvre à ses regards cruels.*

REMARQUONS ici que *le*, placé avant *plus*, *moins*, *mieux*, suivis d'un adjectif, est quelquefois article, et quelquefois ne l'est point. Si cet adjectif n'emporte pas proprement de comparaison, *le* n'est pas article ; mais il forme un adverbe avec *plus*, *moins* ou *mieux*, et ne prend par conséquent ni genre ni nombre. Exemple : *ne nous lassons point de faire du bien à nos semblables, lors même qu'ils sont* le plus *ingrats*. On voit qu'il n'y a point ici de comparaison entre l'ingratitude des hommes dont il s'agit, et l'ingratitude de quelques autres hommes. Mais si l'adjectif superlatif exprime un rapport, *le* est article et prend le genre et le nombre. Exemple : *on ne condamna pas tous les criminels : on punit seulement* les *plus coupables*. Ici le superlatif renferme une comparaison.

# CHAPITRE III.

## SYNTAXE DES ADJECTIFS.

*Accord des Adjectifs avec les Substantifs.*

Nous avons déjà dit que l'adjectif n'est qu'un avec le substantif ; d'où il suit qu'il doit, dans tous les cas, prendre les formes du substantif qu'il qualifie.

1<sup>re</sup>. RÈGLE. Tout adjectif doit être du même genre et du même nombre que le substantif auquel il se rapporte.

*EXEMPLES.*

*Le bon père, la bonne mère :* bon est du masculin et du singulier, parce que *père* est du masculin et du singulier : *bonne* est du féminin et du singulier, parce que *mère* est du féminin et du singulier.

*De beaux jardins, de belles fleurs : beaux* est du masculin et au pluriel, parce que *jardins* est du masculin et au pluriel ; *belles* est du féminin et au pluriel, parce que *fleurs* est du féminin et au pluriel.

*EXCEPTIONS.*

L'adjectif *demi,* placé devant le substantif, n'en prend point le genre, et se joint à ce substantif par un trait d'union. Exemples : une *demi-heure,* une *demi-douzaine ;* mais s'il est placé après le substantif, il en prend le genre. Exemples : une *heure et demie ;* une *douzaine et demie.* Remarquez que *demie* s'emploie quelquefois comme substantif féminin, pour signifier *demi-heure.* Ce mot reçoit alors un pluriel. Ainsi, on dit : *la demie est-elle sonnée? cette pendule sonne les heures et les* demies.

L'adjectif *nu* devant les noms pluriels *pieds, jambes,* est invariable, et se joint à ces substantifs par un trait d'union. Ainsi, écrivez : *nu-pieds, nu-jambes.* On ne peut pas dire au singulier, *nu-pied, nu-jambe,* quoiqu'on dise bien *nu-tête.* Mais si l'adjectif *nu* est placé après le substantif, il en prend le genre et le nombre : *il va les pieds* nus, *les jambes* nues, *la tête* nue.

*Remarque.* Le substantif auquel l'adjectif se rapporte est quelquefois sous-entendu , lorsque cet adjectif est au superlatif. Dans ce cas , c'est avec le substantif sous-entendu que l'adjectif s'accorde. Exemple : *le printemps est* la *plus agréable* des saisons. Le substantif *saison* est sous-entendu : *le printemps est la plus agréable* saison *des saisons.*

*Question.* De quel genre doit être l'adjectif *bon* dans cette phrase? *Votre sœur a l'air* bon *ou* bonne.

*Réponse.* La nouvelle édition du Dictionnaire de l'Académie, par *Moutardier,* admet indifféremment l'une ou l'autre de ces deux locutions. *Elle a l'air* content, et *l'air* contente. M. *Sicard* prétend qu'on ne peut admettre que cette expression : elle a l'air *contente ,* elle a l'air *bonne.* Il regarde les deux mots *avoir l'air* comme inséparables et équivalents au verbe *paroître.*

Les innovations que contient la nouvelle édition du Dictionnaire de l'Académie sont rejetées par la plupart des grammairiens et des hommes de lettres. Je respecte infiniment l'autorité de M. *Sicard;* mais il convient lui-même qu'il est presque seul de l'avis de dire : elle a l'air *bonne.* Je crois qu'il vaut mieux suivre l'opinion la plus commune, et dire :

*elle a l'air* bon, *l'air* content, *l'air* gra-
cieux, etc., en faisant accorder l'adjectif
avec le substantif *air*..... Il faut éviter de se
servir de ces façons de parler pour les choses
inanimées, à moins qu'on n'y joigne le verbe
*être;* ne dites point: *cette poire a l'air bonne;*
mais dites : *cette poire a l'air d'être bonne,*
etc.

IIᵉ. Règle. Quand un adjectif se rapporte
à deux substantifs singuliers, on met cet adjectif au pluriel, parce que l'adjectif, modifiant en même temps les deux substantifs singuliers, doit prendre la seule forme qui marque cette double modification : or, il n'y a
que le *pluriel* qui marque qu'il est l'adjectif
de deux substantifs.

*Exemple.*

*Le roi et le berger sont* égaux *après la
mort :* ( et non pas *égal.* )

IIIᵉ. Règle. Si les deux substantifs auxquels un adjectif se rapporte, sont de différents genres, on met l'adjectif au pluriel et
au masculin.

*Exemples.*

*Mon père et ma mère sont* contents.

*J'ai trouvé mon frère et ma sœur* malheureux.

*L'œillet et la tulipe que tu as* cueillis *dans
mon parterre, auroient dû être* offerts *à ta
sœur qui aime beaucoup les fleurs.*

*J'ai reçu le paquet et la lettre que tu m'as* adressés.

*Remarque.* Quand l'adjectif se rapporte à deux substantifs de *choses inanimées,* et qui sont *placés en régime* d'un verbe ou d'une préposition qui précèdent, cet adjectif prend le genre et le nombre du dernier des substantifs, après lequel il se trouve placé immédiatement et par apposition, parce que ce dernier substantif est le seul auquel l'esprit s'attache, comme étant le plus proche.

### EXEMPLES.

*Il a apporté, dans l'examen de cette affaire, un discernement et une application* étonnante.

*Il trouva les étangs et les rivières gla-*cées.

*N'attendez pas que j'expose à vos yeux les tristes images de la religion et de la patrie éplorée.* ( FLÉCHIER. )

*Il y a dans la véritable vertu une candeur et une ingénuité à laquelle on ne se méprend point, pourvu qu'on y soit attentif.*

( FÉNÉLON. )

*Question.* Lorsqu'un adjectif suit deux substantifs séparés par la préposition *de,* avec lequel des deux doit-il s'accorder ? Faut-il dire, par exemple, *après six mois de temps* écoulés, ou, *après six mois de temps* écoulé ?

L'Académie a décidé qu'il falloit dire : *après six mois de temps* écoulés , et non pas *écoulé*, parce que l'adjectif qui suit, se rapporte toujours au premier des deux substantifs, dans toutes les phrases de cette nature. Ainsi, on dira encore : *après trois heures du jour , passées à la promenade ; après deux jours de la semaine , passés en plaisirs.*

### *Emploi de l'Adjectif avec l'Article.*

RÈGLE. Quand un nom est accompagné de deux adjectifs qui expriment des qualités opposées, l'article doit se répéter avant chaque adjectif. Exemple : les *vieux et* les *nouveaux soldats montrèrent le même courage.*

### *Place des Adjectifs.*

L'usage règle seul la place que doit occuper l'adjectif. Cependant la position de l'adjectif avant ou après le substantif, en change souvent la signification. En voici quelques exemples.

*Un homme* grand *est un homme d'une grande taille ; un* grand *homme est un homme d'un grand mérite.*

*Le* galant *homme est un homme qui a de la probité , des manières civiles , une conversation agréable ; l'homme* galant *est celui qui cherche à plaire aux dames. Un homme* galant *n'est pas toujours un* galant *homme ; le* galant *homme est rarement un homme* galant.

*Un* honnête *homme est un homme d'honneur, de probité ; un homme* honnête *est un homme civil et poli. Un* honnête *homme n'est pas toujours un homme* honnête *; et un homme* honnête *n'est pas toujours un* honnête *homme.*

*Un homme* plaisant *est un homme en joué ; un* plaisant *homme est un homme ridicule.*

*Une femme* grosse *est celle qui est enceinte ; une* grosse *femme est celle qui a de l'embonpoint.*

*Un* pauvre *auteur est un auteur de peu de mérite ; un auteur* pauvre *est un auteur qui n'a point de fortune.*

### Régime des Adjectifs.

Le régime des adjectifs est un substantif ou un verbe.

RÈGLE. Pour joindre un substantif ou un verbe à un adjectif précédent, on met *de* ou *à* entre cet adjectif et le substantif, ou le verbe.

### EXEMPLES.

*Digne* de récompense, propre *à la guerre ; un enfant* chéri *de son père ; un homme* habile *à tirer de l'arc ,* etc.

*Remarque.* Un substantif peut être régi par deux adjectifs, pourvu que ces adjectifs veuillent les mêmes régimes. Exemple : *un homme* utile *et* cher *à sa famille ;* mais on ne peut pas dire : *cet homme est utile* et chéri de sa famille, parce que l'adjectif *utile* ne peut régir, *de sa famille.*

### Adjectifs de nombre.

RÈGLE. L'adjectif numéral *cent*, au pluriel, prend *s*, quand il est suivi d'un substantif. Exemple : *deux* cents *hommes* ; mais il ne prend point *s*, s'il est suivi d'un autre adjectif de nombre. Exemple : *deux* cent *cinquante hommes.*

*Remarque.* Cent est quelquefois substantif masculin : *un cent d'œufs, un cent d'épingles,* etc.; *trois cents de paille.*

RÈGLE. L'adjectif *vingt*, multiplié par un autre adjectif de nombre, prend *s*, lorsqu'il précède immédiatement un substantif. Exemple : *cent* quatre-vingts *soldats, cent* quatre-vingts *chevaux,* six-vingts *hommes,* quatre-vingts *ans.* Mais quand *vingt* est suivi d'un autre adjectif de nombre, il ne reçoit point *s.* Exemple : quatre-vingt-deux *hommes,* quatre-vingt-trois *lieues.* Vingt prend *s* dans *hospice des* Quinze-Vingts, parce que *vingt* est censé suivi du substantif *aveugles,* qui est sous-entendu. ( On met toujours un trait d'union dans *quatre-vingt, six-vingts, quinze-vingts.* )

*Remarque. Vingt* s'emploie aussi substantivement, et signifie vingtième : *le vingt du mois ; le vingt de sa maladie.* .....

On dit *cent un*; mais il faut dire *vingt et un*, *vingt et unième*, avec la conjonction *et*. Cette conjonction se joint pareillement aux adjectifs numéraux *trente*, *quarante*, etc., *trente et un*, *quarante et un*.

*Question.* L'adjectif numéral *vingt et un* demande-t-il un singulier ou un pluriel ?

*Réponse.* Quand on dit *vingt et un siècles*, *vingt et une pistoles*, l'oreille ne peut distinguer si *siècles* et *pistoles* sont au singulier ou au pluriel. La question ne devient sensible que quand on demande s'il faut dire : *il a vingt et un cheval* ou *vingt et un chevaux dans son écurie. Vingt et un cheval* blesse tellement l'oreille, qu'on ne peut s'empêcher de conclure, qu'il faut dire *vingt et un chevaux*. Ainsi, *vingt et un* demande le pluriel.

Cependant l'Académie veut qu'on dise *vingt et un an*, et que « s'il suit un adjectif » après *an*, on mette cet adjectif au pluriel : » *il a vingt et un an* accomplis, et *vingt et un an* passés, et non pas *vingt et un an* » accompli ou passé.

» On diroit de même : *ce mois a trente » et un* jour, et non pas *trente et un* jours.

» Et si l'on y joignoit un adjectif, il faudroit » dire au pluriel : *il y a trente et un* jours » passés, *qu'on n'a reçu de ses lettres.* » ( L'Académie sur Vaugelas. )

Les professeurs s'accordent maintenant à

F

rejeter ces exceptions, qui paroissent trop contraires à la raison, et veulent qu'on écrive : *vingt et un ans*, comme on écrit : *vingt et un chevaux*.

Dans le mot *vingt*, on ne prononce jamais le *g*; et l'on ne prononce pas non plus le *t*, quand il est suivi d'une consonne.

Pour la date des années on écrit *mil*. Exemple : *le froid fut très-grand en mil sept cent neuf*. Par-tout ailleurs on écrit *mille*, qui ne prend jamais *s* : *dix mille hommes ; dizaine de mille ; les Mille et une Nuits*.

Mais quand *mille* exprime une étendue de chemin, alors il faut mettre une *s* au pluriel. *Il courut dix milles ; ce cheval fait tant de milles par jour.*

Les deux *ll* ne se mouillent point dans le mot *mille*.

*Question.* Y a-t-il quelque différence entre les locutions *tous deux*, et *tous les deux* ?

*Rép.* Oui ; *tous deux* signifie que deux personnes font ensemble et à la fois, la même action. *Tous les deux*, signifie que deux personnes font la même action, sans signifier précisément qu'elles la font ensemble et dans le même temps.

*EXEMPLES.*

Pierre et Paul iront, *tous deux*, à la chasse.

Pierre et Paul iront, *tous les deux*, à la chasse.

Dans la première phrase, on dit que Pierre et Paul iront ensemble, chasser dans le même lieu, et qu'ils ne se sépareront point.

Dans la seconde phrase, on dit qu'ils chasseront tous les deux, sans exprimer s'ils iront ou non, dans le même lieu, et si ce sera dans le même temps.                 (M. SICARD.)

*Accord des Adjectifs avec les Noms collectifs.*

Les collectifs sont de deux sortes : le *collectif général* et le *collectif partitif*.

Le collectif *général* est celui qui énonce l'*universalité* des objets. Le *peuple*, *l'armée* sont des noms *collectifs généraux*.

Le collectif *partitif* est celui qui désigne un nombre tiré d'un plus grand. *Moitié*, *dizaine*, etc. sont des *collectifs partitifs*.

*Règle des collectifs généraux.* L'adjectif, le pronom et le verbe s'accordent toujours avec le collectif général, et jamais avec le substantif qui suit.

*EXEMPLES.*

*L'armée des ennemis* fut battue *par les François*.

*Le peuple des villages voisins y* étoit présent.

*Première règle des collectifs partitifs.*

*Les collectifs partitifs* suivis d'un nom plu-

F 2

riel, veulent le verbe et l'adjectif au pluriel.

### EXEMPLES.

*La* plupart *des enfants* sont légers.
Peu *d'enfants* sont attentifs.
*Le* peu *d'occasions que j'ai* eues *de vous* marquer *ma reconnoissance.*
Quelle quantité *de régions j'ai* parcourues!
*Une* foule *d'amis* sont venus *me voir.*
*Il n'est* sorte *de protestations qu'il ne m'ait* faites.

### Deuxième règle des collectifs partitifs.

Quand le collectif partitif est suivi d'un substantif singulier, l'adjectif, le pronom et le verbe sont au singulier.

### EXEMPLES.

*Le* peu *d'affection qu'il m'a* témoigné.
*Une* infinité *de monde se* jeta *là-dedans.*
*Une immense* quantité *de peuple* étoit présente *à ce spectacle.*
*La* plupart *du peuple* vouloit, etc.
Lorsque la *plupart* se dit absolument, alors il régit presque toujours le pluriel du verbe, soit que le substantif auquel il se rapporte soit pluriel ou non. *Le sénat fut partagé, la plupart* vouloient *que..... la plupart* furent *d'avis....* etc.

### Adjectifs possessifs.

Les adjectifs possessifs *son, sa, ses, leur, leurs,* ne peuvent être mis dans une proposition, pour un nom de chose inanimée, que quand le nom de cette chose se trouve exprimé dans la même proposition. On dit bien, par exemple, *cet auteur a* ses *partisans ; cet avis a* ses *contradicteurs ;* parce que, dans le premier cas, l'adjectif *ses* se rapporte à un nom de *personne*, et que dans le second, où il se rapporte à un nom de *chose*, ce nom se trouve exprimé dans la même proposition. Mais on ne peut pas dire : *la ville de Paris est belle, j'admire* ses *bâtiments,* parce qu'ici l'adjectif *ses* se rapporte à un nom de chose inanimée, et que ce nom, qui a été exprimé dans la première proposition, *la ville de Paris est belle*, n'est-pas exprimé dans la seconde proposition, *j'admire ses bâtiments.* Il faut dire : *la ville de Paris est belle, j'en admire les bâtiments.*

Cependant quoique le nom de chose ne se trouve pas dans la même proposition, on se sert bien de *son, sa, ses*, etc., lorsque ces adjectifs sont précédés d'une préposition.

### EXEMPLE.

*La ville de Paris est belle, j'admire la grandeur de* ses *bâtiments.*

*Des Adjectifs* tout *et* quelque.

Les mots *tout* et *quelque* sont tantôt adjectifs et tantôt adverbes.

Le mot *tout* employé pour la conjonction

3

*quoique*, ou pour l'adverbe *entièrement*, ne change point de nombre devant un adjectif masculin pluriel. Exemples : *les enfants*, tout *aimables qu'ils sont*, ne laissent pas d'avoir bien des défauts ; ces vins-là veulent être bus tout *purs*.

*Tout* devant un adjectif féminin qui commence par une consonne, reçoit le genre et le nombre, comme l'adjectif. *Elle est* toute *malade* ; *elles furent* toutes *surprises de le voir* ; *des femmes* toutes *pénétrées de douleur* ; *de l'eau-de-vie* toute *pure. Toute*, *toutes*, dans ces exemples, font toujours la fonction d'*adverbes.* Ce n'est que par euphonie qu'on les fait accorder avec l'adjectif suivant. Mais devant les adjectifs féminins qui commencent par une voyelle, *tout* ne change point. *Sa maison est* tout *autre qu'elle n'étoit* ; *un chien qui a les oreilles* tout *écorchées* ; *des femmes* tout *éplorées* ; *avoir les mains* tout *emportées* ; tout *ingrate qu'elle est* ; *ces hardes* tout *usées qu'elles sont* ; *cette armée a péri* tout *entière*, etc.

*Quelque*..... *que* s'emploie de cette manière.

1°. S'il y a un adjectif entre *quelque* et *que*, alors *quelque* ne prend jamais *s* à la fin.

### EXEMPLE.

*Les rois*, *quelque puissants qu'ils soient*, *ne doivent pas oublier qu'ils sont hom-*

mes..... *Quelque* suit la même règle devant un adjectif suivi immédiatement de son substantif pluriel : *On estime peu les égoïstes, quelque bonnes qualités qu'ils aient d'ailleurs.* (Gramm. de Wailly, p. 95.) *Quelque belles choses que vous disiez, elles ne seront pas goûtées, si vous les prononcez mal.* (Ibid. p. 121.) *Quelque grands torts qu'on leur attribue.* (Gramm. de Marmontel, p. 89.) M. Sicard regarde aussi *quelque* comme adverbe, et par conséquent comme invariable dans ces exemples.

2°. S'il y a un nom entre *quelque* et *que*, alors on met *quelque* au même nombre que le nom.

*EXEMPLE.*

*Quelques richesses que vous ayez, vous ne devez pas vous enorgueillir.*

Quand *quel que* est suivi immédiatement d'un verbe au subjonctif, alors il faut l'écrire en deux mots séparés, *quel,* ou *quelle* que, *quels* ou *quelles* que.

*EXEMPLES.*

*Quelle que soit votre force, quelles que soient vos richesses, vous ne devez pas vous enorgueillir ; votre puissance, quelle qu'elle soit, ne vous donne pas le droit de mépriser les autres.*

Lorsque *quelque* est placé devant le substantif *chose,* ces deux mots s'emploient souvent comme un seul ; alors *quelque chose* est toujours masculin. *On m'a dit* quelque chose *qui est très*-plaisant. *Avez-vous lu ce livre ? Non, j'en ai lu* quelque chose *qui m'a paru* bon. Et souvent l'adjectif suivant est précédé de la préposition *de : quelque chose de* fâcheux, *quelque chose de* merveilleux.

## CHAPITRE IV.

### SYNTAXE DES PRONOMS.

#### *Emploi des Pronoms personnels.*

Les pronoms de la première personne, *je, me, moi, nous,* et ceux de la seconde, *tu, te, toi, vous,* ne s'appliquent qu'à des personnes ou à des choses personnifiées.

*Il, ils, le, la, les,* se disent indifféremment des personnes et des choses.

Il en est de même des pronoms *elle* et *elles,* quand ils sont en sujet ; et souvent lorsqu'ils sont en régime, ils se disent pareillement des choses : *la rivière entraîne avec* elle *tout ce qu'elle rencontre. J'aime la vérité au point que je sacrifierois tout pour* elle : mais lorsque ces pronoms peuvent être remplacés par *en* et *y*, il faut éviter de s'en servir, en parlant des choses inanimées. Ne dites point, en parlant d'une muraille, d'une table, je *m'approchai d'*elle ; *je m'assis :*

*près d'elle* ; dites : *je m'en approchai, je m'y assis ,* ou *je m'assis auprès.*

*Se* peut se dire des personnes et des choses, comme *cette fleur* se *flétrit ; cette femme* se *promène.*

*Soi* se dit des personnes et des choses. S'il se dit des personnes, on ne l'emploie qu'avec un sujet vague et indéterminé , comme : *on doit parler rarement de* soi; *chacun travaille pour* soi ; *n'aimer que* soi *, c'est être mauvais citoyen.*

Cette règle a été long-temps à se fixer , et les poëtes les plus célèbres l'ont souvent violée. On lit dans Racine :

*Mais il se craint, dit-il,* soi-même *, plus que tous.*

Et ailleurs :

*Charmant , jeune, traînant tous les cœurs après* soi

Boileau dit :

*Mais souvent un auteur qui se flatte et qui s'aime,*
*Méconnoît son génie et s'ignore* soi-même.

Voltaire , dans Zaïre, dit aussi :

*Ou mon amour me trompe , ou Zaïre aujourd'hui,*
*Pour l'élever à* soi *, descendroit jusqu'à lui.*

Je pourrois citer bien d'autres passages de ces grands écrivains, où cette même faute se trouve.

Mais quand *soi* se dit des choses , il se met également avec le défini et avec l'indéfini ; et dans ce cas, il convient aux deux genres : *le vice est odieux de* soi ; *la vertu est aimable de* soi ; mais il ne peut pas se rapporter à un pluriel. Ne dites point : *ces choses sont indifférentes de* soi ; il faut dire : *ces choses sont indifférentes d'*elles-mêmes.

### *Fonction des Pronoms personnels.*

Nous avons vu que les substantifs ont trois fonctions dans le discours : ils y sont en sujet, en apostrophe ou en régime. Les pronoms personnels ont la même fonction, avec la différence que quelques-uns sont toujours en sujet, deux seulement en apostrophe, quelques autres en régime, et d'autres enfin tantôt en sujet, tantôt en régime.

Les pronoms personnels qui s'emploient toujours en sujet, sont, *je*, *tu*, *il*, *ils*.

Les deux qui se mettent en apostrophe, sont *toi* et *vous* : ô *toi*, ô *vous*, ou bien sans interjection : vous, *que j'ai toujours chéri comme mon père.*

Les pronoms qui ne s'emploient qu'en régime, sont *me*, *te*, *se*, *leur*, *le*, *la*, *les*, *y* et *en*.

Ceux qui sont tantôt sujets et tantôt régimes, sont *nous*, *vous*, *moi*, *toi*, *lui*, *elle*, *eux*, *elles*.

RÈGLE. Les pronoms de la première et de la seconde personne, employés comme sujets, se répètent avant tous les verbes, quand ces verbes ne sont pas au même temps. Exemples : je *prétends* et je *prétendrai tou-*

*jours,* etc., vous *avez déjà vu, et* vous *verrez encore,* etc.

Madame de Sévigné a fait une faute contre cette règle, dans ces deux phrases : *je vous embrasse et vous aime, et vous le dirai toujours...... Je les ai senties et les sentirai long-temps.*

Mais quand les verbes sont au même temps, on dit très-bien : *je vous aime et vous le dis,* etc., sans répéter le pronom qui sert de nominatif.

### *Des Pronoms* le, la, les.

Les pronoms *le, la, les* se distinguent aisément des articles *le, la, les.*

L'article est toujours suivi d'un nom : le *frère,* la *sœur,* les *hommes ;* au lieu que le pronom est toujours joint à un verbe, comme : *je* le *connois ; je* la *respecte; je* les *estime.*

RÈGLE. Quand le pronom *le* se rapporte à un *substantif* précédé de son article, il s'accorde avec ce substantif en genre et en nombre ; mais quand il tient la place d'un *adjectif* ou d'un *verbe,* il est invariable.

Ainsi, lorsqu'on demande à une dame : *étes-vous la nouvelle mariée ? étes-vous la propriétaire de cette maison ?* Elle doit répondre : *oui, je* la *suis. La,* parce que ce pronom se rapporte à un *substantif,* précédé de son article..

Il en seroit de même si l'on demandoit à une dame : *êtes-vous madame* Dupont? Elle devroit répondre : *oui, je* la *suis*. *La*, parce que ce pronom se rapporte à un substantif, *la dame Dupont*. Dans ces phrases, le pronom *la* est un pronom personnel relatif mis au lieu de *elle* : *je suis* elle, celle *que vous dites*.

Mais si l'on demandoit à une demoiselle : *êtes-vous* mariée? Elle devroit répondre : *je ne* le *suis pas*. *Le*, parce que ce mot se rapporte à l'adjectif *mariée*. Si l'on demande à une dame : *êtes-vous* malade? elle doit répondre : *je* le *suis*, et non *je* la *suis*. *Le* se rapporte ici à la chose, et non à la personne. Il signifie *cela*, et non *elle*. *Je suis* cela, ce que *vous dites*, et par conséquent il est invariable. En effet, si une dame disoit à deux de ses amies : *quand je suis malade, je fais telle chose*, ces dames ne pourroient pas lui répondre : *et nous, quand nous* les *sommes, nous faisons*, etc.

Donc le pronom *le* ne prend ni genre ni nombre, quand il tient la place d'un adjectif... Il suit la même règle, quand il se rapporte à un verbe ; on doit dire : *nous devons nous accommoder à l'humeur des autres, autant que nous* le *pouvons*.... *Le*, est ici invariable, parce qu'il se rapporte au verbe *accommoder*.

### Place des Pronoms personnels.

*M'y* ne doit jamais être placé après le verbe qui régit le pronom personnel. Ainsi, on ne peut pas dire : *votre carrosse n'est pas plein, donnez-m'y place ;* ni : *vous allez au spectacle, menez-m'y.* Il faut alors que le mot *y* soit mis avant le pronom *me.* On dira donc : *donnez-y moi place ; menez-y moi.* Mais *m'y* se place très-bien avant le verbe : *je vais à la campagne, voulez-vous m'y accompagner ? Vous allez au spectacle, je vous prie de* m'y *mener.*

### Accord des Pronoms.

RÈGLE. Les pronoms doivent toujours être du même genre, du même nombre et de la même personne que le nom dont ils tiennent la place. Ainsi, en parlant de la tête, dites : elle *me fait mal ; elle,* parce que ce pronom se rapporte à tête, qui est du féminin et au singulier. Dites aussi : *ce sont vos affaires comme les* siennes ; les *siennes,* parce que ce pronom se rapporte à *affaires,* qui est du féminin et au pluriel.

*Vous* employé pour *tu,* veut le verbe au pluriel ; mais l'adjectif suivant reste au singulier.

### EXEMPLE.

*Mon fils, vous* serez estimé, si *vous* êtes sage.

Lorsque *même* se trouve placé après les pronoms personnels, il doit être précédé d'un trait d'union, et il prend nécessairement une *s* au pluriel. Exemple : *moi-même, toi-même, lui-même, elle-même, soi-même, nous - mêmes, vous-mêmes, eux - mêmes, elles-mêmes.* Il n'y a d'exception que pour *vous même* et *nous-même*, quand ils se rapportent à un seul individu et non à plusieurs.

. . . . . . . . . . . Vous-même, où seriez-vous,
Si toujours à l'amour Antiope opposée,
D'une pudique ardeur n'eût brûlé pour Thésée ?

Le même poëte fait dire à Roxane dans Bajazet :

Va, mais nous-même allons, précipitons nos pas.
RACINE.

C'est que *nous* et *vous* ne sont pas alors des pluriels.

*Même*, après un nom de personnes ou de choses prend encore une *s*, lorsqu'on peut le faire précéder des pronoms *eux*, *elles*. Exemples : *les scélérats* mêmes *condamnent les vices des autres. Vos malheurs* mêmes *ne peuvent vous garantir de mon indignation*, etc.

### Des Pronoms possessifs.

Les pronoms possessifs, *le mien, le tien, le sien, le nôtre, le vôtre, le leur*, supposent toujours un substantif qui précède ; c'est donc une faute que de débuter ainsi en écrivant : *j'ai reçu la vôtre le cinq du courant.* Il faut écrire : *j'ai reçu votre lettre le cinq du courant.* N'écrivez pas non plus : *je vous ai écrit le huit du présent mois, et j'ai reçu la vôtre le quinze ;* mais écrivez : *je vous ai adressé ma lettre le huit du présent mois ,,*

*et j'ai reçu* la vôtre *le quinze*. Dites encore:
*je connois vos prétentions*, *voilà* les miennes;
ou, *voilà mes prétentions, je connois* les vôtres. *J'ai fait une visite à vos parents*, je
*recevrai* la leur *au premier jour*; ou, *je recevrai au premier jour la visite de vos parents*, *je leur ai fait* la mienne.

*Pronoms relatifs.*

*Qui* relatif est toujours du même nombre
et de la même personne que son *antécédent*;
ainsi, il faut dire : *moi* qui ai *vu*; *toi* qui *as
vu*; *nous* qui *avons vu*; *vous* qui *avez vu*;
*eux* qui *ont vu*, etc.

C'est donc une faute de dire, en parlant
d'un livre : *c'est un des meilleurs ouvrages
qui* ait *paru depuis long-temps*. On doit
dire : *c'est un des meilleurs ouvrages qui*
aient *paru*, etc. Dites pareillement : *la
passion du jeu est un des vices qui* ont *le
plus contribué à notre perte*, et non pas,
*qui* a *le plus contribué*, etc. Mais si je
veux faire entendre qu'un de mes enfants
(Adolphe) s'est noyé, je ne dirai pas :
*Adolphe est un de mes enfants qui* se sont
*noyés*, puisque je n'ai pas eu plusieurs enfants qui se soient noyés, et qu'au contraire
je n'en ai eu qu'un qui ait ainsi péri. Je dirai
donc : *Adolphe est un de mes enfants, qui*
s'est *noyé*. Pour faire sentir que le pronom
relatif *qui* ne se rapporte pas au substantif
*enfants*, je les sépare par une virgule.

*Que* relatif est toujours du même genre et du même nombre que son antécédent. Ainsi, écrivez : *Leibnitz est un des plus savants hommes qu'on ait jamais* vus, et non pas *vu* ; *votre fils est un des plus aimables enfants que j'aie* connus, et non pas *connu*.

*Qui*, précédé d'une préposition, ne se dit jamais des choses, mais seulement des personnes. Ainsi, on peut bien dire : *la personne* à qui *j'ai donné ma confiance* ; mais on ne dira point : *les sciences* à qui *je m'applique*. Il faut dire : *les sciences* auxquelles *je m'applique*.

### Pronoms démonstratifs.

*Celui-ci, celui-là*, s'emploient de cette manière : *celui-ci* pour la personne dont on a parlé en dernier lieu ; *celui-là* pour la personne dont on a parlé en premier lieu.

### EXEMPLE.

*Les deux philosophes Héraclite et Démocrite étoient d'un caractère bien différent ; celui-ci rioit toujours ; celui-là pleuroit sans cesse.*

*Ceci* désigne une chose plus proche, *cela* désigne une chose plus éloignée. Exemple : *je n'aime pas* ceci ; *donnez-moi* cela.

*Ce* devant le verbe *être*, demande ce verbe au singulier, excepté quand il est suivi de la troisième personne plurielle. On dit, c'est *moi*, c'est *toi*, c'est *lui*, c'est *nous* : c'est *vous* qui, etc. Mais il faut dire : ce *sont* c'étoient, ce *furent*, ce *seront* eux, elles, vos *ancêtres* qui, etc.

*EXEMPLES.*

C'est *nous qui avons rétabli le calme.*

C'est *vous, généreux athlètes, qui avez combattu glorieusement.*

Ce sont *les honnêtes gens qui désirent la tranquillité.*

Ce sont *eux qui ont le plus contribué au gain de la bataille.*

C'étoient *de braves gens que nos hôtes.*

Ce furent *eux qui, le voyant sans défense, prirent son parti.*

Ce seront *eux qui auront le soin des affaires de la ville.*

Quelques-uns répètent *ce* devant le verbe *être*, en ces sortes de phrases : *ce qu'il y a de plus déplorable,* c'est, *etc. ; ce qui me chagrine le plus,* c'est, *etc.* D'autres ne le répètent pas, et disent : *ce qui me chagrine le plus,* est, *etc.* L'Académie décide qu'il est toujours plus élégant de répéter *ce,* quand même le premier *ce* ne seroit pas beaucoup éloigné.

On en doit user de même, quand on a mis un autre mot que *ce* auparavant, comme : *la difficulté que l'on y trouve,* c'est, et non pas *est,* qui ne seroit pas si bien à beaucoup près.

En général on doit toujours préférer *c'est* à *est.*

Il faut dire : *c'est en Dieu* que *nous devons mettre notre espérance*, et non pas *en qui*; *c'est à vous* que *je veux parler*, et non pas *à qui*. Boileau a commis une faute contre cette règle, dans ce vers :

C'est à vous, mon esprit, *à qui* je veux parler.

Quand le mot *que* se trouve placé après un substantif précédé d'une préposition, ce *que* est une conjonction, et non un pronom relatif.

Ne dites point : *c'est un crime de se montrer ingrat*, mais dites : *c'est un crime* que *de se montrer ingrat*. Dites pareillement : *ce seroit mal agir* que *d'abandonner ses parents*, et non pas *d'abandonner*. La conjonction *que* est d'une nécessité indispensable dans toutes les phrases semblables.

### *Pronoms indéfinis.*

Quoique le pronom *on* soit ordinairement suivi d'un masculin, comme dans cette phrase : *on n'est pas toujours maître de ses passions*, il y a des circonstances qui marquent si précisément qu'on parle d'une femme, qu'alors le pronom *on* est suivi d'un féminin. Exemples : *on n'est pas maîtresse de faire ce qu'on veut, quand on a un mari peu complaisant. Lorsqu'on est* jolie, *on ne l'ignore pas long-temps. On a peu de temps à être* belle, *et long-temps à ne l'être plus. On n'est pas plus folle que Julie*, etc.

Après les monosyllabes *si, ou*, et, il faut

faire précéder *on* d'une *l* avec une apostrophe. Si *l'on dit*, si *l'on savoit ; le pays où l'on trouve ; j'ai lu* et *l'on m'a raconté ; on y rit* et *l'on y pleure tour à tour.*

Le pronom masculin indéfini *quiconque* est aussi quelquefois féminin. Par exemple, on peut dire, en parlant à des femmes : qui-conque *de vous sera assez* hardie *pour mé-dire de moi, je l'en ferai repentir.*

Quand le pronom *chacun*, que l'Aca-démie appelle pronom *distributif*, se rap-porte à un pluriel, il gouverne tantôt *son, sa, ses*, tantôt *leur, leurs.*

1°. Il gouverne *son, sa, ses*, quand il est employé après un verbe dont le sens est complet, tels que les verbes actifs avec leur régime ou les verbes neutres. Ainsi on dira :

*Ces écoliers ont fait des réponses chacun selon son savoir.*

*Ces juges ont opiné, chacun selon sa pro-bité et ses lumières.*

*Il faut remettre ces livres-là chacun à sa place.*

2°. Il gouverne *leur, leurs*, quand il est employé après un verbe dont le sens est in-complet, tels que les verbes actifs séparés de leur régime.

*EXEMPLES.*

*Ces écoliers ont fait, chacun selon leur savoir, les réponses qu'ils ont pu.*

*Les juges ont prononcé, chacun selon leur* probité *et leurs* lumières, *le jugement qui est intervenu.*

*Remettez, chacun en leur* place, *les li-vres que vous avez lus.*

## CHAPITRE V.

### SYNTAXE DES VERBES.

*Place du nominatif ou sujet.*

RÈGLE. Le sujet, soit nom, soit pronom, se place ordinairement avant le verbe : l'oiseau vole. *Nous* demandons souvent des conseils que *nous* ne suivons point.

*Première exception.* Dans les phrases interrogatives, le pronom qui sert de nominatif se place toujours après le verbe ; mais le nom ne se place après le verbe que quand il est seul ; car il conserve sa place avant le verbe, si celui-ci est suivi d'un pronom qui marque interrogation. Exemples : *Irai*-je ? *Viendras*-tu ? *Que pensera* la postérité, *si...? Vos frères sont*-ils *arrivés ?*

*Remarque.* Quand le verbe qui précède *il, elle, on,* finit par une voyelle, on ajoute un *t* entre deux tirets, devant ces pronoms, pour éviter un hiatus ; comme, *arrive-t-il ? Viendra-t-elle ? Aime-t-on les enfants indociles ?*

L'interrogation, à la première personne, se fait en transportant le pronom *je* après le verbe ; mais l'usage ne permet pas toujours cette manière d'interroger , parce que la prononciation en seroit rude et désagréable ; ne dites pas : *cours-je ? sens-je ? dors-je ?* etc. il faut prendre un autre tour et dire : *est-ce que je cours ? est-ce que je sens ? est-ce que je dors ?*

Lorsque le pronom *je* se trouve après un verbe qui est au présent de l'indicatif, et qui se termine par un *e* muet , il faut mettre un accent aigu sur cet *é* , et dire : *aimé-je ? chanté-je ? à qui parlé-je ?* On dit aussi, par manière de souhait, *puissé-je* , etc. (Acad.)

*Deuxième exception.* Le nominatif se met encore après le verbe , quand on rapporte les paroles de quelqu'un. Exemple : *je me croirai heureux, disoit* un bon roi, *quand je ferai le bonheur de mes sujets.*

*Troisième exception.* Après *tel , ainsi.* Exemples : *tel étoit* son avis ; *ainsi mourut* cet homme.

*Quatrième exception.* Après les verbes unipersonnels. Exemples : *il est arrivé* un grand malheur ; *il y a* des hommes, etc.

## *Accord du verbe avec le sujet.*

Quoiqu'un verbe qui se rapporte à deux sujets singuliers , doive se mettre au pluriel, cependant le verbe reste au singulier, quand les deux sujets sont séparés par la conjonction *ou* qui donne l'exclusion à l'un des deux.

Exemple : *la séduction* ou *la terreur l'a entraîné dans le parti des rebelles*. Racine a donc fait une faute en disant : *Roxane ou le sultan ne te l'ont pas ravie*.

On met encore le verbe au singulier, malgré les pluriels qui précèdent, lorsqu'il y a une expression qui réunit tous les substantifs en un, comme, *biens, dignités, honneurs, tout disparoît à la mort*.

Mettez au pluriel le verbe qui suit *l'un et l'autre*. Ainsi, dites : *l'un et l'autre sont bons ; l'un et l'autre font un très-mauvais usage du don de la parole*.

### Régime des Verbes.

Le régime des verbes *passifs* s'exprime par les prépositions *de* ou *par*. Exemples : *un enfant doux et docile est aimé de ses parents. J'ai été trompé par l'homme que je regardois comme mon meilleur ami*.

*Remarque*. N'employez jamais *par* devant le nom de Dieu. Dites : *les méchants seront punis de Dieu*, et non pas, *seront punis par Dieu*.

Les verbes passifs s'emploient souvent sans régime, comme : *Rome fut plusieurs fois saccagée*.

Un nom peut être régi par deux verbes à la fois, pourvu que ces deux verbes ne veuillent pas un régime différent. Exemple : *nos troupes attaquèrent et prirent la ville*.

Mais on ne diroit point : *nos troupes atta-quèrent et s'emparèrent de la ville*, parce que le verbe *attaquer* ne peut régir *de la ville*.

### Emploi des Temps et des Modes.

Le *prétérit défini* ne s'emploie qu'en parlant d'un temps absolument écoulé, et dont il ne reste plus rien. Ainsi, ne dites pas : j'étudiai *aujourd'hui, cette semaine, cette année*, parce que le jour, la semaine, l'année ne sont pas encore passés ; ne dites pas non plus : *j'étudiai ce matin;* il faut pour le prétérit *défini*, qu'il y ait l'intervalle d'un jour ; mais on dit bien : j'étudiai *hier, la semaine dernière, l'an passé*, etc.

Le prétérit *indéfini* s'emploie indifféremment pour un temps passé, soit qu'il en reste encore une partie à écouler, ou non ; on dit bien : j'ai étudié *ce matin*, j'ai étudié *hier*, j'ai étudié *cette semaine*, j'ai étudié *la semaine passée*, etc.

On emploie le mode du *subjonctif*.

1°. Après une interrogation qui exprime le doute : *pensez-vous qu'en formant la république des abeilles, Dieu n'ait pas voulu instruire les rois à commander avec douceur, et les sujets à obéir avec amour?*

2°. Après une proposition négative qui exprime le doute :

*Hélas ! on ne craint pas qu'il venge un jour son père.*

(RACINE.

3°. Après les pronoms relatifs *qui*, *que*, *lequel*, *dont* et *où*, lorsqu'ils sont précédés d'une proposition qui interroge, ou qui marque un doute, un désir, une condition. Exemples : *y a-t-il quelqu'un qui ne* sente...? *Il n'y a point de bonne action qu'il ne* fasse; *choisissez une retraite où vous soyez tran-quille.* Ces pronoms veulent encore le subjonctif quand ils sont précédés d'un superlatif : *le meilleur cortège qu'un prince puisse avoir, c'est le cœur de ses sujets.*

4°. Après les verbes unipersonnels :

*C'est peu qu'en un ouvrage où les fautes fourmillent,*
*Des traits d'esprit de temps en temps pétillent;*
*Il faut que chaque chose y soit mise en son lieu,* etc.

( BOILEAU. )

5°. Dans les phrases elliptiques, l'emploi du subjonctif a bien de la grâce : Puissiez-vous, *ó sage vieillard,* etc.... Fussiez-vous *au fond des abymes, la main de Jupiter pourroit vous en tirer;* fussiez-vous *dans l'Olympe, il pourroit vous précipiter dans le noir Tartare.*

*Rapport des Temps du Subjonctif à ceux de l'Indicatif et du Conditionnel.*

I<sup>re</sup>. RÈGLE. Quand le verbe de la proposition principale est au présent ou au futur, on met au présent du subjonctif celui de la proposition subordonnée, si l'on veut exprimer un présent ou un futur; mais on le met au prétérit, si l'on veut exprimer un passé.

*EXEMPLES.*

*Je désire que vous me* répondiez *sur le* champ.

*Je doute que vous me* répondiez *demain.*

*Je doute que vous* ayez eu *fini hier* avant midi.

*Remarque.* Quoique le premier verbe soit au présent, on peut mettre le second à l'imparfait ou au plusque-parfait du subjonctif, quand il doit y avoir dans la phrase une expression conditionnelle; comme, *il n'est point d'homme, quelque mérite qu'il ait, qui ne* fût *très-mortifié,* s'il savoit tout ce qu'on pense de lui. *Je doute que votre ami* eût réussi *dans son entreprise, sans vos bons offices.*

II$^c$. RÈGLE. Quand le verbe de la proposition principale est à l'imparfait, aux prétérits, au plusque-parfait, ou à l'un des conditionnels, on met le second à l'imparfait du subjonctif, si l'on veut exprimer un présent ou un futur; mais on le met au plusque-parfait, si l'on veut exprimer un passé.

*EXEMPLES.*

Je désirois  
Je désirai  
J'ai désiré  
J'avois désiré　　　} que vous vinssiez.  
Je désirerois  
J'aurois désiré  
J'eusse désire

**G**

<table>
<tr><td>Je désirois<br>Je désirai<br>J'ai désiré<br>J'avois désiré<br>Je désirerois<br>J'aurois désiré<br>J'eusse désiré</td><td>que vous eussiez chanté, que vous fussiez venu, etc.</td></tr>
</table>

*Remarque.* Cependant avec le prétérit indéfini, on peut mettre le second verbe au présent, s'il exprime une action qui se fait, ou peut se faire dans tous les temps, comme, *Dieu nous a créés pour que nous l'aimions et que nous le* servions.

Quelques locutions françoises demandent une attention particulière.

1°. *On diroit*, qui est un conditionnel, équivaut à *il semble*, et se rapporte à la première règle :

*On diroit* que le ciel qui se fond tout en eau
*Veuille* inonder ces lieux d'un déluge nouveau.

( BOILEAU. )

*On diroit* que pour plaire, instruit par la nature,
Homère *ait* à Vénus *dérobé* sa ceinture.

( *Le même.* )

2°. *Je ne saurois*, qui est un conditionnel, équivaut quelquefois à *je ne puis*, et se rapporte alors à la première règle. Exemple : je ne saurois *faire la moindre chose, que vous n'y* trouviez *à redire.*

# CHAPITRE VI.

## SYNTAXE DES PARTICIPES.

### Des Participes.

Le participe présent, toujours terminé en *ant*, ne prend ni genre ni nombre.

Ainsi l'on écrit :

*Un homme* lisant. *Des hommes* lisant.
*Une femme* lisant. *Des femmes* lisant.

Cependant on dit, *des hommes* obligeants, *une femme* prévenante, charmante, etc. Mais ces mots *obligeants, prévenante, charmante*, etc., ne sont point des participes présents ; ce sont des adjectifs *verbaux*. On appelle adjectifs *verbaux*, ceux qui viennent des verbes, comme *prévenant, prévenante, étouffant, étouffante, assujettissant, assujettissante*, etc. Ces adjectifs s'accordent avec les substantifs auxquels ils se rapportent ; mais les participes présents sont invariables.

Pour distinguer les adjectifs verbaux des participes présents, il faut voir si ces mots ont un régime. Lorsqu'ils ont un régime, ce sont des participes. Lorsqu'ils n'ont point de régime, ils sont adjectifs.

### EXEMPLES.

*Cette femme est douce, affable,* prévenant *tout le monde.*

*Cette femme est douce, affable,* prévenante.

G 2

Dans la première phrase, le mot *prévenant*, est un participe, parce qu'il est suivi du régime *tout le monde*; dans la seconde, il est adjectif verbal, parce qu'il n'a point de régime.

Les participes passés *aimé*, *béni*, *aperçu*, *répandu*, etc. s'accordent avec les noms auxquels ils sont joints, lorsqu'ils ne sont accompagnés d'aucun temps des verbes *avoir* ou *être*, parce qu'alors ils sont employés comme adjectifs. Exemple : un ouvrage *achevé*, une maison *achevée*; des ouvrages *achevés*, des maisons *achevées*.

Le participe passé joint aux verbes auxiliaires *être* ou *avoir*, s'accorde ou avec son nominatif ou avec son régime.

*Première règle.* Le participe passé, quand il est accompagné du verbe auxiliaire *être*, s'accorde en genre et en nombre avec son nominatif ou sujet, c'est-à-dire, que l'on ajoute *e*, si le sujet est féminin, et *s*, si le sujet est pluriel.

### EXEMPLES.

| | |
|---|---|
| L'ennemi a été vaincu. | L'armée a été vaincue. |
| Les ennemis ont été vaincus. | Les armées ont été vaincues(*). |
| Le tonnerre est tombé. | La foudre est tombée. |
| La flotte est sortie. | Les flottes sont sortiee. |

Il n'y a point d'exception.

*Deuxième règle.* Mais quand le participe

______

(*) Le participe *été* n'a ni féminin ni pluriel; on dit *elle a été*, *ils et elles ont été*.

passé est accompagné du verbe auxiliaire *avoir*, il ne s'accorde jamais avec son nominatif.

### EXEMPLES.

*Mon père a* écrit *une lettre. Ma mère a* écrit *une lettre.*

*Mes frères ont* écrit *une lettre. Mes sœurs ont* écrit *une lettre.*

Le participe *écrit* ne change point, quoique le nominatif soit masculin ou féminin, singulier ou pluriel.

*Troisième règle.* Le participe passé joint au verbe *avoir*, s'accorde toujours avec son régime direct, quand ce régime précède le participe.

### EXEMPLES.

*La lettre que vous avez* écrite, *je l'ai* lue.

*Les livres que j'avois* prêtés, *on les a* rendus.

*Les conventions que nous avions* faites, *vous les avez* violées.

*Je reconnois l'erreur qui nous avoit* séduits.

*Quelle affaire avez-vous* entreprise !
*Combien d'ennemis n'a-t-il pas* vaincus !

On voit que le régime placé avant le participe, est ordinairement l'un des pronoms *le*, *la*, *les*, *que*, etc.

*Quatrième règle.* Mais quand le régime

3

*direct* n'est placé qu'après le participe , ce participe ne s'accorde pas avec son régime.

### EXEMPLES.

*J'ai* écrit *une lettre; J'ai* écrit *des lettres.*

*J'ai* acheté *un livre. Vous avez* acheté *des livres.*

*Ecrit, acheté,* ne changent pas , quoique le régime soit singulier ou pluriel , masculin ou féminin , parce que ce régime est placé après le participe.

*Question.* Pourquoi le participe *écrit* ne s'accorde-t-il point avec le substantif *lettre ,* dans cette phrase, *mon père a* écrit *une lettre ,* tandis qu'il doit s'accorder avec ce même substantif, dans cette autre phrase : *la lettre que mon père a* écrite ? Dans l'un et l'autre cas, n'est-ce pas toujours la lettre qui a été écrite ? Pourquoi donc le participe ne s'écrit-il point de la même manière dans les deux cas ? En un mot, quels motifs ont pu porter les grammairiens à établir ces deux règles différentes : *le participe passé s'accordera avec son régime , quand il sera précédé de ce régime ; mais il ne s'accordera point , quand ce régime ne sera placé qu'après le participe ?*

*Réponse.* Lorsque le régime précède le participe , ce régime est connu de celui qui parle , et de celui à qui l'on parle ; ainsi, l'on peut , en énonçant ou en écrivant le participe, faire accorder le participe avec ce régime ; mais quand le régime n'est placé qu'après le participe, on est supposé ne point connoître ce régime quand on énonce ou qu'on écrit le participe ; ainsi, l'on ne peut point faire accorder ce participe avec son régime. Par exemple, quand quelqu'un dit, *mon père a écrit,* je puis demander *quoi ?* est-ce un billet, est-ce une lettre ? est-ce un mémoire ? Je ne connois pas encore l'objet écrit ; je n'en connois par conséquent ni le genre ni le nombre. Je ne dois donc point attendre un accord avec un substantif dont je n'ai point l'idée. On ne doit donc point faire accorder le participe avec son régime, quand ce régime ne vient, dans la phrase, qu'après le participe. Mais quand quelqu'un dit : *la lettre que mon père a écrite,* je ne puis plus demander, écrit *quoi ?* Je connois l'objet écrit, la lettre ; j'en connois le genre, le nombre ; ainsi, en écrivant, en énonçant le participe *écrit,* on peut, on doit faire accorder ce participe avec ce régime, avec la *lettre* écrite. Il suit de là que le participe s'accorde avec le régime qui le précède, parce que, quand on énonce ou que l'on écrit un participe dont le régime est déjà écrit ou énoncé, on a l'idée de ce régime, on en connoît le genre et le nombre, et par conséquent la concordance doit être établie. Mais quand le participe est suivi de son régime, ce régime est supposé n'être pas encore connu, lorsque l'on écrit, ou que l'on énonce le participe ; on n'a l'idée ni du genre ni du nombre de ce régime ; on ne peut donc former un accord du participe avec ce régime. Tels sont les motifs de la différence que les grammairiens ont mise entre le participe passé *précédé*, et le participe passé *suivi* de son régime direct.

On mettoit autrefois deux exceptions à la 5e. règle ; 1°. quand le nominatif est après le participe, comme dans cet exemple : *la leçon que vous ont* donné *vos maîtres ;* 2°. quand le participe est suivi d'un adjectif qui fait partie du régime, comme dans cette phrase : *Adam et Eve que Dieu avoit* créé *innocents.* Quelques grammairiens admettent encore aujourd'hui ces deux exceptions ; mais c'est à tort : il faut dans le premier exemple *donnée*, et dans le second, il faut *créés.* ( Essais de grammaire par d'Olivet. ) Ainsi la règle ne souffre aucune exception. D'ailleurs, les exceptions multipliées sans cause, ne servent qu'à embarrasser l'esprit. Il vaut mieux s'en tenir, autant qu'il est possible, à des règles fixes et générales.

La solution de toutes les difficultés des *participes passés*, est fondée sur les quatre règles que nous venons d'établir. Mais comme il n'est pas aisé d'en faire toujours une juste application ; et que nos grammairiens sont peu d'accord entr'eux sur cette matière, nous croyons qu'il est indispensable de développer davantage ces règles, et de lever les doutes des élèves dans les cas les plus embarrassants.

## Du Participe passé des Verbes réfléchis, réciproques ou pronominaux.

1°. Lorsque le participe passé est celui d'un verbe *réfléchi*, il faut mettre le verbe *avoir* à la place du verbe *être* ; et, si le pronom réfléchi est régime *direct*, le participe passé devra s'accorder avec ce pronom ; mais s'il n'est que régime *indirect*, le participe passé sera invariable, à moins qu'il ne soit précédé d'un autre régime *direct*.

### EXEMPLES.

*Cette femme s'est* proposée *pour modèle à ses enfants.*

Je mets le verbe *avoir* à la place du verbe *être*, et je dis : cette femme a proposé *soi*, *elle* pour modèle à ses enfants. Je vois que le pronom réfléchi *se* est ici régime *direct ;* et puisqu'il précède le participe, c'est le cas d'appliquer la règle du participe passé joint au verbe *avoir*, et précédé de son régime *direct*. Donc je dois écrire *proposée*.

Mais dans l'exemple suivant :

*Cette femme s'est* proposé *d'enseigner la géographie à ses enfants.*

En mettant le verbe *avoir* à la place du verbe *être*, je dois dire : cette femme a proposé à *soi*, à *elle* d'enseigner la géographie

5.

à ses enfants. Ici le pronom réfléchi *se* n'est que régime *indirect*, et par conséquent, puisque le participe passé n'est point précédé de son régime direct, il ne varie point. J'écrirai donc *proposé*.

Par la même raison, nous écrirons : *Lucrèce s'est* donné *la mort*; *cette femme s'est* mis *des chimères dans la tête*. Car en mettant le verbe *avoir* à la place du verbe *être*, nous devons dire : *Lucrèce a donné* à soi, etc. ; *cette femme a mis* à soi, etc. Donc, dans ces deux phrases, le pronom *se* est régime indirect ; et comme, d'ailleurs, le régime direct *la mort*, n'est placé qu'après le participe passé *donné*, et que le régime direct *des chimères* n'est placé qu'après le participe passé *mis*, ces deux participes restent invariables.

Mais dans ces phrases : *la mort que Lucrèce s'est* donnée : *les chimères que cette femme s'est* mises *dans la tête*, si nous substituons le verbe *avoir* au lieu du verbe *être*, nous dirons : la mort que Lucrèce a donnée à soi. Les chimères que cette femme a *mises* dans la tête à soi. *Se* est régime *indirect*, et par conséquent ce n'est point avec ce pronom que s'accordent les participes *donnée*, *mises*. Mais le régime *direct* représenté par le pronom relatif *que*, les précède, et c'est avec ce régime que les participes *donnée*, *mises*, s'accordent.

D'après ces principes nous écrirons :

*Nous nous sommes* rendus *maîtres de la ville.*

*Les hommes se sont* bâti *des villes.*

*Votre sœur s'est* acheté *de belles robes.*

*Les lois que s'étoient* prescrites *les Romains.*

*Ces femmes se sont* louées *avec malignité.*

*Des modernes se sont* imaginé *qu'ils surpassoient les anciens.* (Ont *imaginé* en eux.)

*Elle s'est* rendue *accusatrice.* (Acad.)

*Les académies se sont* fait *des objections, se sont* proposé *des difficultés.*

*Question.* Faut-il dire : *il s'est* rassemblé *ou* rassemblée *ici une foule de gens armés ?*

*R.* Il faut dire *rassemblé.* Ce participe est censé s'accorder avec le pronom *il.* Mais si, au lieu d'employer l'unipersonnel *il est,* on donnoit au verbe *être,* un nom pour sujet, alors le participe passé rentreroit dans la règle générale. On diroit : *une foule de gens armés se sont* rassemblés *ici.*

2°. Les participes passés des verbes *réciproques* sont soumis à la même règle que les participes passés des verbes réfléchis. Il faut chercher de la même manière si le pronom qui les précède, en est le régime direct ou bien le régime indirect. Dans le premier cas, le participe s'accorde ; dans le second cas, il est invariable.

6

## EXEMPLES.

*Ces deux hommes se sont* battus, et *se* sont dit *des injures.*

Le participe passé *battus* s'accorde avec son régime *se*, parce que ce régime est direct ; le participe passé *dit* ne change point, parce que le pronom *se* qui le précède, n'en est que le régime indirect, et que son régime direct *injures* est placé après.

Nous devons écrire pareillement :

*Vos sœurs et les miennes se sont* trouvées *ensemble à la campagne , et se sont* plu *dès les premiers instants.*

*Ils se sont* succédé........ *Elles se sont* parlé, etc.

3°. Les verbes pronominaux ayant, comme nous l'avons dit, une signification passive, l'accord de leur participe passé doit suivre la règle du participe passé précédé du verbe *être ,* c'est-à-dire, que ce participe doit s'accorder avec le sujet. Ainsi, dans ces phrases: *ces marchandises se sont bien* vendues, le participe *vendues* s'accorde avec le sujet *marchandises ,* parce qu'on peut dire : *ces marchandises ont été bien vendues.* Il en est de même des phrases suivantes :

*Cette affaire s'est* traitée.... *a été traitée.*

*Les cordes de cette guitare se sont* lâchées.... *ont été lâchées.*

*Les ennemis se sont* emparés *d'une posi-*

*tion..... ont été rendus maîtres d'une posi-
tion.*

*Quand l'ambition, la jalousie, la haine
se sont une fois emparées de quelqu'un....
ont été rendues maîtresses de.....*

*Elle s'est* aperçue, *ils se sont* aperçus
*de.... elle a été frappée, ils ont été frappés
de la perception de....*

*Elles se sont* souvenues, repenties, abs-
tenues.... *elles ont été atteintes du souvenir,
touchées du repentir, tenues loin de....*

*Elles se sont* plues *en cet endroit....* elles
ont été affectées de plaisir en cet endroit.

*La vigne s'est* plue *dans cette terre.... a
été bien placée dans cette terre.*

*La désobéissance s'est* trouvée montée au
plus haut point.... a été trouvée montée au
plus haut point.

### Du Participe passé suivi d'un Verbe à l'infinitif.

Lorsque le participe passé est suivi d'un
verbe à l'infinitif, le régime qui précède les
deux verbes, peut être ou le régime du participe, ou le régime du verbe à l'infinitif.

Si le régime qui précède les deux verbes,
est le régime du participe passé, le participe
doit s'accorder avec ce régime.

Mais si le régime est celui du verbe à l'infinitif, le participe passé demeure invariable.

On reconnoît que le régime qui précède

les deux verbes, est le régime du participe passé, lorsqu'on peut mettre ce régime immédiatement après le participe, et changer l'infinitif qui suit en participe présent.

## EXEMPLES.

*La femme que j'ai* entendue *chanter.*

Pour connoître si le pronom relatif *que*, qui précède les deux verbes, est le régime du participe passé *entendu*, j'essaie de mettre immédiatement après ce participe, le nom représenté par *que*, et de changer l'infinitif suivant en participe présent. Je dis donc, j'ai entendu *la femme chantant.*

La phrase est susceptible de ce changement. C'est donc du participe passé *entendu*, que le pronom relatif *que* se trouve le régime direct ; et puisque ce régime précède le participe, celui-ci doit s'accorder avec son régime. Donc il faut écrire *entendue*.

Mais dans cet autre exemple : *la chanson que j'ai* entendu *chanter.*

Si j'essaie de mettre le régime immédiatement après le participe, et de réduire l'infinitif qui suit en participe présent, je dois dire : j'ai entendu *la chanson chantant.* Or, je vois que ce changement est impossible, parce que la chanson ne chantoit point, mais qu'elle étoit chantée ; j'en conclus que le pronom relatif *que* est le régime de l'infinitif *chanter*, et non du participe passé *entendu.*

Donc ce participe est invariable, puisqu'il n'est pas précédé de son régime direct. Donc il faut écrire *entendu*.

D'après ces principes, comment faut-il écrire le participe *vu* dans cette phrase ?

*La femme que j'ai* vu *peindre ?*

Cette phrase présente deux sens ; car elle signifie que vous avez vu une femme *qui peignoit* ou *que l'on peignoit*.

Si vous avez vu une femme qui peignoit, qui étoit occupée à peindre, vous pouvez dire : *j'ai vu la femme peignant ;* et alors le *que* est régime du participe passé *vu ;* et, puisque le régime précède le participe, ce participe doit s'accorder avec ce régime. Donc il faut écrire :

*La femme que j'ai* vue *peindre.*

Mais si vous avez vu une femme que l'on peignoit, dont un artiste faisoit le portrait, alors vous ne pouvez pas dire : j'ai vu la femme *peignant*, puisque ce n'étoit pas elle qui peignoit, mais qu'un autre étoit occupé à la peindre. C'est donc du verbe *peindre* et non du participe *vu*, que le relatif *que* se trouve le régime. Donc le participe est invariable, puisqu'il n'est point précédé d'un régime direct. Donc ici, on doit écrire :

*La femme que j'ai* vu *peindre.*

Racine, dans Britannicus, fait dire à Néron, en parlant de *Junie :*

Cette nuit, je l'ai *vue* arriver en ces lieux.

Le poëte, dans une première édition, avoit mis : *je l'ai* vu *cette nuit,* etc. ; mais il se corrigea. Pourquoi ? parce que le pronom personnel relatif *la* qui précède le participe *vu* est régime direct de ce participe, puisqu'on peut dire : *j'ai* vu *Junie arrivant,* etc. Donc le participe *vu* doit s'accorder avec ce régime, et par conséquent on doit écrire *vue.*

On écrira pareillement, en parlant d'une femme, *je l'ai* vue *entrer ; je l'ai* vue *passer ;* et en parlant de plusieurs, *je les ai* vues *entrer, je les ai* vues *passer ;* et ainsi de tous les participes joints à des infinitifs qui sont verbes neutres : car les verbes neutres n'ayant point de régime direct, c'est une nécessité que le régime se rapporte au participe qui précède ces infinitifs, et que le participe s'accorde avec ce régime.

Le second verbe à l'infinitif est quelquefois sous-entendu, et cependant le participe suit encore la même règle que quand ce verbe à l'infinitif se trouve exprimé.

### EXEMPLES.

*Je lui ai fait toutes les caresses que j'ai* dû.

*Nous lui avons accordé toutes les grâces que nous avons* pu.

*Il a obtenu toutes les faveurs qu'il a* voulu.

Dans ces phrases, on sous-entend les verbes *faire, accorder, obtenir ;* et c'est à ces verbes que le régime doit se rapporter. Ainsi, *dues, pues, voulues* seroient des fautes grossières.

### Du Participe passé entre deux que.

Lorsque le participe passé se trouve placé entre deux *que,* ce n'est point de ce participe que le premier *que* se trouve le régime, mais du verbe qui suit, et par conséquent le participe est invariable.

### EXEMPLES.

*Les raisons que vous avez* cru *que j'approuvois.*

*Les mathématiques que vous n'avez pas* voulu *que j'étudiasse.*

Le premier *que,* dans ces deux phrases, est le régime des verbes j'*approuvois,* j'*étudiasse,* et non pas des participes *cru* et *voulu* qu'il précède. Car si aux mots j'*approuvois,* j'*étudiasse,* on substitue : *je me rendois,* et *je m'appliquasse,* on dira : les raisons *auxquelles* vous avez cru que je me rendois...... les mathématiques *auxquelles* vous n'avez pas voulu que je m'appliquasse... Le premier *que* se trouve donc alors remplacé par *auxquelles,* parce que les verbes *se rendre, s'appliquer,* régissent la préposition *à* et demandent un régime indirect, *se rendre à de bonnes raisons, s'appli-*

*quer à quelque chose.* Donc c'est de ces verbes, et non des participes *cru* et *voulu*, que le premier *que* se trouve le régime.

Nous écrirons donc ainsi les phrases suivantes :

*Les peines que j'ai* prévu *que cette affaire vous donneroit.*

*Les embarras que j'ai* su *que vous aviez.*

*C'est une chose que j'ai* cru *que vous saviez.*

## Du Participe passé joint à un infinitif précédé d'une préposition.

Lorsque l'infinitif qui suit le participe passé, est précédé d'une préposition, le pronom relatif qui est avant les deux verbes, sera le régime du participe passé, si l'on peut placer immédiatement après ce participe, le substantif dont le *que* relatif tient la place.

### EXEMPLES.

*Les soldats qu'on a* contraints *de marcher.*

*L'histoire que je vous ai* donnée *à lire.*

*La résolution que vous avez* prise *d'aller à la campagne.*

Dans ces phrases, le *que* relatif est le régime du participe, parce que les noms dont il tient la place, peuvent être mis immédiatement après le participe. On peut dire : *on a contraint les soldats de marcher ; je vous ai donné l'histoire à lire ; vous avez pris la résolution d'aller à la campagne.*

Mais, si le substantif représenté par le relatif *que*, ne peut pas se placer immédiatement après le participe, et ne peut être mis qu'après l'infinitif, alors c'est de cet infinitif que le pronom se trouve le régime, et par conséquent le participe ne doit point varier.

*EXEMPLES.*

*Les mesures que vous m'avez* conseillé *de prendre ;* et non pas conseillées.

*Les fortifications que nos généraux ont* ordonné *de construire,* et non pas ordonnées.

*. La règle que j'ai* commencé *à expliquer,* et non pas commencée.

Dans ces phrases et dans toutes celles qui leur ressemblent, le pronom relatif *que* se trouve le régime de l'infinitif, et non du participe, parce qu'on dit : *vous m'avez conseillé de prendre les mesures ; nos généraux ont ordonné de construire les fortifications ; j'ai commencé à expliquer la règle,* etc. On ne pourroit pas placer après le participe le substantif représenté par le pronom, en disant : *vous m'avez ordonné les mesures de prendre ; nos généraux ont ordonné les fortifications de construire ; j'ai commencé la règle à expliquer.*

## Des Participes passés fait et laissé.

Lorsque le participe passé et l'infinitif qui le suit, sont deux mots inséparables qui ne présentent qu'une seule idée à l'esprit, alors le pronom est régi par les deux verbes conjointement, et le participe passé ne varie point. Tel est le participe passé du seul verbe *faire*.

### EXEMPLES.

*La maison que j'ai* fait *bâtir, et non pas* faite.

*Les enfants que vous avez* fait *tomber, et non pas* faits.

*J'avois planté des poiriers, la sécheresse les a* fait *mourir, et non pas* faits. (Acad.)

En ces phrases, et dans les autres semblables, le participe *fait* ne peut être séparé de l'infinitif qui suit. On ne peut pas dire : j'ai fait la maison bâtir ; vous avez fait les enfants tomber ; la sécheresse a fait les poiriers mourir ; mais il faut dire : j'ai *fait bâtir* la maison ; vous avez *fait tomber* les enfants, etc....

Plusieurs grammairiens, tels que *Condillac* et *Wailly*, prétendent que le participe passé *laissé*, et l'infinitif qui le suit, sont pareillement deux mots inséparables, et que, par conséquent, le participe *laissé* devant un infinitif, ne doit point varier. Nous avons suivi

ce sentiment dans nos premières éditions ;
mais les raisons les plus fortes et les autorités
les plus respectables nous ont déterminés à
changer d'avis. Nous pensons donc ,

1°. Que le participe passé *laissé ,* suivi d'un
verbe neutre à l'infinitif, doit s'accorder avec
son régime, quand il en est précédé.

*EXEMPLES.*

*Votre sœur que vous avez* laissée *tomber.*
*Ces femmes qu'on a* laissées *mourir.*

On peut dire vous avez laissé votre sœur
tomber ; on a laissé ces femmes mourir. Donc
le participe *laissé* et l'infinitif suivant ne sont
pas deux mots inséparables. Si ces deux mots
étoient en effet inséparables, on ne pourroit
jamais placer le régime entre le participe et
l'infinitif. Cependant on dira très-bien : *ils*
ont laissé *leur mère désolée* succomber *à sa*
*douleur. Nous* avons laissé *tous ces jeunes*
*gens* courir *en liberté dans la campagne.*
Le participe *laissé* et l'infinitif peuvent donc
être séparés.

2°. Quand le participe *laissé* est suivi d'un
verbe actif à l'infinitif, ce participe sera invariable, si le régime qui précède les deux
verbes est celui du verbe à l'infinitif.

*EXEMPLES.*

*Cette maison que j'ai* laissé *bâtir trop.*
*près de la mienne, m'incommode beaucoup.*

*Ces hommes se sont* laissé *battre.*

On ne pourroit pas dire : *J'ai laissé la maison bâtir. Ces hommes ont laissé eux battre.*

Dans tous ces exemples, le verbe *laisser* signifie *permettre, souffrir, ne pas empêcher.* Mais ce qui démontre complétement les deux règles que nous venons d'établir, c'est l'autorité de l'Académie. Car, dans le dictionnaire de 1762, le dernier qu'elle ait avoué, nous lisons cette phrase ainsi écrite :

« On dit qu'une fille s'est *laissée* aller, » pour dire qu'elle s'est *laissé* séduire. »

Voilà bien le participe passé *laissé* variable, lorsqu'il est suivi d'un verbe neutre ; et invariable, lorsqu'il est suivi d'un verbe actif.

*Remarque.* Le participe *laissé*, suivi d'un verbe actif, peut quelquefois être précédé de son régime direct, comme si l'on disoit en parlant d'une femme : *on l'a* laissée *battre son enfant;* c'est-à-dire, on a laissé elle battre son enfant. Alors le participe doit s'accorder avec ce régime.

*Du Participe passé joint au Verbe* avoir, *précédé du mot* en.

Lorsque le verbe *avoir* qui accompagne ce participe passé est précédé du mot *en*, le participe est invariable, à moins qu'il soit ne lui-même précédé d'un autre régime.

### *EXEMPLE.*

*Louis-le-Grand a fait lui seul plus d'exploits que les autres n'en ont* lu. (BOILEAU.)

Le participe *lu* est ici invariable, parce que le mot *en* est un pronom relatif qui équivaut à *de ceci*, *de cela*, et que ce pronom est toujours du singulier et du masculin.

Ainsi, nous écrirons encore :

*Vous avez plus de richesses que je ne vous en ai* donné, *et non pas* données.

*Il m'a promis plus de services qu'il ne m'en a* rendu, *et non pas* rendus...

*Il y a beaucoup plus de médailles frappées à la gloire des princes qui ont réparé les édifices publics, qu'à l'honneur de ceux qui en ont* fondé *de nouveaux, et non pas* fondés. ( ROLLIN.)

*Rousseau ( Jean-Baptiste ) a fait plus de cantates qu'on n'en a* mis *en musique, et non pas* mises.

Mais si le participe est lui-même précédé d'un autre pronom qui en soit le régime direct, alors ce participe devra s'accorder avec le substantif dont le pronom tient la place.

### *EXEMPLES.*

*Les grâces que j'en ai* obtenues.

*La vengeance que vous en avez* tirée.

*La valeur que nous en avons* reçue.

Dans ces exemples, le participe passé est précédé du *que* relatif, qui en représente le régime *direct*, et par conséquent ce participe s'accorde avec son régime.

## *Du Participe passé, joint au Verbe* avoir, *précédé du mot* le.

Lorsque le verbe *avoir* qui accompagne le participe passé est précédé du mot *le*, ce participe ne varie point, si le relatif *le* se rapporte à un adjectif ; mais il varie, si *le* se rapporte à un substantif.

### EXEMPLE.

*La langue angloise n'est pas aussi diffi-cile que je l'avois* cru.

Le sens de cette phrase est que j'avois cru la difficulté portée à un plus haut degré dans l'étude de la langue angloise ; j'avois cru *cela*, et non pas *elle* (la langue). Car si nous mettions la phrase au pluriel, nous dirions très-certainement : les langues ne sont pas aussi difficiles que je *l'avois cru*, et non pas que je *les avois crues*, parce que ce ne sont pas les langues qui ont été crues, mais c'est la difficulté dans les langues, qui avoit été crue par moi. Le pronom *le* se rapporte donc ici à un adjectif, et est *invariable*, c'est-à-dire, qu'il n'a ni pluriel ni féminin. Donc le participe *cru* est pareillement *invariable*.

Nous écrirons d'après les mêmes principes :

*Cette femme est plus riche que vous ne l'aviez* imaginé.

*Cette jeune demoiselle n'est pas aussi instruite que nous l'avions pensé.*

Mais dans cet exemple :

*Ma sœur est toujours la même que je l'ai connue.*

Le mot *le* est un pronom relatif variable. Car en mettant la phrase au pluriel, nous dirons : Nos sœurs sont toujours les mêmes que nous *les* avons *connues.* Donc ici le relatif *le*, qui se rapporte au substantif *sœurs*, est un pronom variable ; et par conséquent le participe passé doit également varier.

*Du Participe passé des verbes unipersonnels* il a fait, il y a eu.

Le participe passé dans les unipersonnels *il a fait, il y a eu*, etc. demeure invariable. Ainsi, on dit :

*Les chaleurs qu'il a* fait, *et non pas* faites.

*Les grandes pluies qu'il a* fait *en automne, et non pas* faites.

*La disette qu'il y a* eu *pendant l'hiver dernier, et non pas* eue.

Le *que* placé ici avant les verbes *fait* et *eu*, ne peut aucunement en représenter le régime direct. Car on ne dit point faire des chaleurs, comme on dit faire des vers, faire des habits, etc. A quoi donc se rapporte ce *que*? Il ne se rapporte à rien. *Faire* et *avoir* sont ici de ces mots que la paresse a souvent employés au lieu des mots propres ; et les auteurs inattentifs ayant introduit dans leurs écrits les négligences de la conversation, on a honoré du nom de *Gallicismes*, de véritables fautes contre le bon sens.

### Du Participe passé des Verbes neutres.

Puisque les verbes neutres n'ont point de régime direct, leur participe passé ne peut point suivre la même règle d'accord que le participe passé des verbes actifs. Ainsi, dans ces phrases :

*Les sommes que ce procès m'a* coûté.
*Les pistoles que ce cheval a* valu.
*Les jours que j'ai* vécu.

Le *que* relatif ne représente point un régime direct : il ne peut tenir lieu que d'un régime indirect, et par conséquent, il faut qu'il y ait une ellipse, ou retranchement d'une préposition. Dans le troisième exemple, la préposition sous-entendue est *pendant*. Les jours pendant lesquels j'ai *vécu*. Lorsque *valoir* signifie *procurer*, *faire obtenir*, *produire*, il est actif ; et alors son participe passé doit s'accorder avec le régime qui le précède. Exemple : *les honneurs que mon habit m'a* valus.

Le *que* ne représente pas non plus un régime direct dans les phrases suivantes : *de la façon que j'ai* dit, ou *que j'ai* parlé, *on a dû m'entendre*. En effet, après le participe *dit*, on peut mettre un autre régime et changer ainsi la phrase : *de la façon que j'ai dit* les choses, *on a dû m'entendre.* Donc le *que* n'étoit pas le régime direct du participe *dit ;* car il est reconnu qu'un verbe actif ne peut avoir deux régimes *directs.* Le *que* ne peut pas non plus être le régime direct du participe *parlé ;* car le verbe *parler* est neutre et n'a point de régime direct. Ainsi, les participes *dit* et *parlé* ne doivent point suivre la règle d'accord des participes précédés de leur régime direct. L'Académie observe que cette locution *de la façon qué* est adverbiale, et que c'est la même chose que si l'on disoit *comme.*

Remarquons que si le verbe *dire* signifioit *indiquer, désigner, prescrire,* alors le *que* deviendroit régime direct, et rendroit variable le participe passé suivant.

### EXEMPLE.

*Pour réussir, il faut s'y prendre de la manière que j'ai* dite, *que j'ai* indiquée, *que j'ai* prescrite.

Dans ces sortes de cas, il faut employer les verbes *indiquer, désigner, prescrire,* plutôt que le verbe *dire.*

# CHAPITRE VII.

## SYNTAXE DES PRÉPOSITIONS,

### *Répétition des Prépositions.*

RÈGLE. Les prépositions doivent se répéter devant chaque nom en régime, quand il y a plusieurs noms qui se suivent.

### *EXEMPLES.*

*Elle a* de *la beauté,* de *la grâce,* de *l'esprit.*

*Eh! que vois-je par-tout? la terre n'est couverte*
*Que de palais détruits, de trônes renversés,*
*Que de lauriers flétris, de sceptres brisés.*

( RACINE fils. )

*Je l'apporte en naissant, elle est écrite en moi,*
*Cette loi qui m'instruit de tout ce que je doi*
*A mon père, à mon fils, à ma femme, à moi-même.*

( Le même. )

*Exception.* Les prépositions peuvent ne point se répéter devant les noms qui sont à peu près synonymes. Exemple : *il perd sa jeunesse* dans *la mollesse et la volupté.*

### *Emploi de quelques Prépositions.*

1°. Ne confondez pas *autour* et à *l'entour :* *autour* est une préposition, et elle est toujours suivie d'un régime : *autour d'un trône ;* à *l'entour* est un adverbe, et n'a point de régime : *il étoit sur son trône, et ses fils étoient* à l'entour.

2°. Ne confondez pas *avant* et *auparavant ; avant* est une préposition, et elle est suivie d'un régime : *avant l'âge, avant le temps ; auparavant* est un adverbe, et n'a point de régime : *ne partez pas si-tôt, venez me voir auparavant.*

3°. *Au travers* est suivi de la préposition *de : au travers* des ennemis ; *à travers* n'en est pas suivi ; on dit : *à travers les ennemis.*

On emploie aussi *à travers*, sans qu'il suive aucun article ; ex. : *à travers champs.*

4°. *Devant* est toujours une préposition qui a un régime exprimé ou sous-entendu : *j'ai paru* devant *l'empereur ; si vous êtes pressé, courez* devant.... *Devant* ne peut être suivi de *que.* Ainsi, ne dites point *devant qu'il* parte, mais dites : *avant qu'il* parte.

5°. Ne confondez pas la préposition *près de*, qui signifie *sur le point de*, avec l'adjectif *prêt à*, qui signifie *disposé à ;* on ne dit point : *il est* prêt à *tomber*, mais *il est* près de *tomber.*

Ne confondez pas *à la campagne* et *en campagne.* Être *en campagne* ne se dit que des troupes : *l'armée est en campagne ;* mais on dit bien : *j'ai passé l'été à la campagne.*

6°. Ne confondez pas *être à la ville* et *être en ville ;* on dit : Monsieur est *à la ville*, pour marquer qu'il n'est pas à la campagne ;

et l'on dit: Monsieur est *en ville*, pour marquer qu'il n'est pas au logis.

7°. Ne confondez pas *tomber par terre*, et *tomber à terre*. Ce qui tient à la terre, ou qui y touche par quelque partie, tombe *par terre*. Un homme qui, en marchant, se laisse tomber, un arbre renversé par le vent, tombent *par terre*. Ce qui est élevé au-dessus de la terre, sans y toucher, tombe *à terre*. Le fruit attaché à l'arbre, la tuile qui tombe d'un toit, tombent *à terre.*

# CHAPITRE VIII.

## SYNTAXE DES ADVERBES.

### *Emploi de quelques Adverbes.*

Les adverbes de négation *pas* et *point* ne se mettent pas indifféremment l'un pour l'autre. *Pas* énonce simplement la négative; *point* appuie avec force et semble l'affermir. Le premier, souvent, ne nie la chose qu'en partie, ou avec modification; le second la nie toujours absolument, totalement et sans réserve.... On diroit donc: *n'être* pas *bien riche, et n'avoir* pas *même le nécessaire.* Mais si l'on vouloit se servir de *point*, il faudroit ôter les modifications, et dire : *n'être* point *riche, n'avoir* point *le nécessaire.... Il n'y a* point *de ressource dans une personne qui n'a* point *d'esprit.*

*Pas* ne se joint jamais avec *rien*. Ainsi Racine a fait une faute, quand il a dit dans les Plaideurs :

On ne veut *pas rien* faire ici qui vous déplaise.

*Plus* et *davantage* ne s'emploient pas toujours l'un pour l'autre ; *davantage* ne peut être suivi de la préposition *de*, ni de la conjonction *que* ; on ne dit pas : *il a davantage* de *brillant* que de *solide*, mais *plus* de *brillant* ; on ne dit pas : *il se fie* davantage *à ses lumières* qu'à *celles des autres*, mais *il se fie* plus *à ses lumières*.

*Davantage* ne peut s'employer que comme adverbe ; exemple : *la science est estimable, mais la vertu l'est bien* davantage.

On ne doit point employer *davantage* pour *le plus*. Dites : *de toutes les fleurs d'un parterre, la rose est celle qui me plaît* le *plus*; et non *qui me plaît* davantage.

Ne confondez pas *mal parler* et *parler mal. Mal parler* tombe sur les choses que l'on dit, et *parler mal* sur la manière de les dire. Le premier est contre la morale, le second contre la grammaire. C'est *mal parler*, que de dire des paroles offensantes. C'est *parler mal*, que d'employer une expression hors d'usage ; d'user de termes équivoques ; de construire d'une manière embarrassée, obscure, ou à contre-sens, etc. Il ne faut ni *mal parler* des absents, ni *parler mal* devant les Grammairiens.

Il y a une différence entre ces deux mots, *matin* et *soir*. L'un doit nécessairement être précédé de l'article *au*, et l'autre le rejette. On dit fort bien, *hier matin, demain matin;* mais il faut dire : *hier au soir, demain au soir. J'irai chez vous demain matin, ou demain au soir.* ( Acad. )

*Si* est quelquefois adverbe, et alors il se met devant un adjectif, un participe passé, ou un adverbe. Exemples : *le vent est* si *grand qu'il rompt tous les arbres ; je ne suis pas* si *prévenu en sa faveur, que je ne voie bien ses défauts ; votre frère se conduit* si *sagement, qu'il est aimé de tout le monde.*

Les adverbes *tout à coup* et *tout d'un coup* ont une signification bien différente. *Tout à coup* veut dire : *soudainement, en un instant, sur le champ. Tout d'un coup* signifie *tout en une fois.* Ce qui se fait tout à coup n'est ni prévu ni attendu. Ce qui se fait tout d'un coup, ne se fait ni par degrés ni à plusieurs fois.

*Dedans, dehors, dessus, dessous,* sont toujours adverbes, et ne peuvent avoir de régime. On dit bien : *dans* la chambre, *hors de* la ville, *sur* la table, *sous* la table ; mais on ne peut pas dire : *dehors* la ville, ni *dehors de* la ville, *dedans* la chambre, etc.

N'employez point *ici* pour *ci;* dites : *ce*

*temps-ci*, *cette année-ci*, et non pas : *ce temps*
ici, *cette année* ici.

# CHAPITRE IX.

## SYNTAXE DES CONJONCTIONS.

### *Régime des Conjonctions.*

Parmi les conjonctions, les unes veulent
le verbe suivant au subjonctif, les autres à
l'indicatif.

Voici celles qui régissent le subjonctif :
*soit que*, *sans que*, *si ce n'est que*, *quoique*, *jusqu'à ce que*, *encore que*, *à moins
que*, *pourvu que*, *supposé que*, *au cas
que*, *avant que*, *non pas que*, *afin que*,
*de peur que*, *de crainte que*, et en général
quand on marque quelque doute, ou quelque
souhait, comme, *je souhaite* que *cet enfant
devienne savant ; je doute* que *cet enfant
soit jamais savant.*

# CHAPITRE X.

## DE LA CONSTRUCTION.

La *construction* est l'arrangement des mots
dans l'ordre le plus convenable à l'expression
de la pensée.

On distingue deux espèces de *construction*, la construction *directe*, et la construction *inverse.*

La construction est *directe*, lorsque tous
les mots sont disposés selon l'ordre des rap-

5

ports qu'ils ont entr'eux. On énonce d'abord
le *sujet*, ensuite le *verbe*, puis le *régime*,
et enfin les *modificatifs* qui indiquent le
temps, le lieu, la cause, et les autres circonstances de l'action que le verbe exprime.

## EXEMPLE.

*Alexandre vainquit Darius à Arbelles.*
Voilà l'ordre direct : 1°. l'être dont on
parle, *Alexandre ;* 2°. l'action faite par cet
être, *vainquit ;* 3°. l'objet sur lequel se porte
cette action, *Darius ;* 4°. les circonstances,
*à Arbelles.*
La construction est *inverse*, lorsque l'ordre des rapports est interrompu.

## EXEMPLES.

*Il fut de ses sujets le vainqueur et le père.*
Il faudroit dire, dans l'ordre naturel, *il
fut le vainqueur et le père de ses sujets.*

*Enfin Malherbe vint . . . . . . . . . .
Tout reconnut ses lois, et ce guide fidelle
Aux auteurs de ce temps sert encor de modèle.*

L'ordre direct demanderoit : *ce guide
fidelle sert encore de modèle aux auteurs de
ce temps*, etc.
La *construction* se divise encore en construction *pleine*, et en construction *elliptique*.
La construction est *pleine*, lorsqu'elle
contient explicitement tous les mots nécessaires à l'expression de la pensée.
Elle est *elliptique*, lorsqu'on y a retranché

quelques mots qui seroient nécessaires pour la régularité de la phrase, mais que l'usage permet de supprimer. Quand je dis : *puissiez-vous être heureux ! puissé-je vous revoir bientôt dans une meilleure situation !* les locutions *puissiez-vous , puissé-je ,* sont elliptiques ; c'est comme si je disois : *je souhaite que vous soyez* plus heureux, *que je puisse* vous revoir bientôt *dans ,* etc. Quand on dit *la Saint-Jean ,* pour *la fête* de saint Jean, c'est une ellipse. *Quand viendra-t-il ? demain ;* il y a ellipse ; c'est comme si l'on disoit : *il viendra* demain.

Racine a fait une construction elliptique dans ce vers :

*Je t'aimois inconstant ; qu'aurois-je fait, fidelle !*

On voit aisément que le sens est, *que n'aurois-je pas fait, si tu avois été fidelle ? avec quelle ardeur ne t'aurois-je pas aimé ; si tu avois été fidelle ?* Mais l'ellipse rend l'expression bien plus vive que si ce poëte avoit fait parler Hermione selon la *construction pleine.*

# CHAPITRE XI.

## REMARQUES PARTICULIÈRES SUR QUELQUES ESPÈCES DE MOTS.

### De l'*Adjectif* conséquent.

Quelques personnes emploient l'adjectif *conséquent* au lieu de *grand, important , considérable.* Ainsi, on entend souvent dire :

*c'est une perte* conséquente, *c'est une somme* conséquente, pour signifier une perte considérable, une somme considérable. Ce sont-là tout autant de fautes contre la langue. L'adjectif *conséquent* ne peut s'employer que pour désigner une personne qui raisonne, qui agit conséquemment : *cet homme est conséquent dans ses discours, dans ses projets, dans sa conduite.* ( Acad. )

### Des Participes passés.

*Passé,* participe du verbe *passer,* se joint tantôt au verbe auxiliaire *avoir,* tantôt au verbe auxiliaire *être.*

Quand *passer* a un régime, et qu'il a rapport aux lieux ou aux personnes, il faut dire, *a passé,* soit dans le sens propre, soit dans le sens figuré. *Il* a passé *par le Pont-des-Arts; l'Empereur* a passé *par Amiens ; l'armée* a passé *par Lille ; par-tout où l'armée* a passé, *elle a fait de grands dégâts ; l'empire des Assyriens* a passé *aux Mèdes,* etc.

Quand *passer* n'a ni régime ni relation aux lieux ou aux personnes, on dit : *est passé. L'empereur* est *passé; l'empire des Romains* est *passé ; le bon temps* est *passé ; cette femme* est *passée, pour dire qu'elle n'est plus ni belle ni jeune.*

Au reste, il faut remarquer que *passer* se prend ici en sa signification naturelle. Car, quand *passer* a une autre signification, on

met : *a passé*, en des endroits où il n'y a nul
rapport ni aux lieux ni aux personnes. Exemple : *ce mot a passé*, pour dire, *ce mot a été
reçu*. Car il y a bien de la différence entre *ce
mot est passé*, et *ce mot a passé*. *Ce mot est
passé*, signifie qu'un mot est vieux, qu'il est
aboli, qu'il n'est plus du tout en usage. *Ce
mot a passé*, signifie qu'un mot a été introduit, et qu'il a cours dans la langue.

*Sorti*, participe passé du verbe *sortir*, se
joint quelquefois à l'auxiliaire *avoir*, quand
le verbe *sortir* s'emploie activement. En parlant d'un homme qu'on a tiré d'une affaire désagréable, on dit *qu'on l'a sorti d'une affaire
désagréable*. On dit également : *avez-vous
sorti mon cheval de l'écurie*, pour dire : *avez-vous tiré mon cheval de l'écurie ?*

*Descendu*, participe du verbe *descendre*,
se conjugue aussi quelquefois avec le verbe
*avoir*, dans une signification active. *On a descendu plusieurs passagers dans une île ;
c'est vous qui avez* descendu *ce tableau*.

*Accouru* reçoit également l'un ou l'autre
des verbes auxiliaires. J'ai *accouru*, je suis
*accouru*. Mais *couru* est toujours joint au
verbe *avoir*, excepté lorsqu'on l'emploie figurément pour dire : *recherché*, *suivi*. *Ce prédicateur est* couru *; il n'y a pas assez de
telle marchandise*, tant elle est courue*.

*Apparu* prend indifféremment les deux
verbes auxiliaires. *Ce spectre lui a apparu*,

*lui* est *apparu*. Mais *paru* ne prend que l'auxiliaire *avoir*. Il en est de même de *comparu* et *disparu*. Cependant en parlant figurément d'une chose qu'on avoit, qui tout d'un coup ne se trouve plus, on dit également qu'elle *est* disparue, et qu'elle *a* disparu. Exemples : *j'avois des gants, ils* ont *disparu*. *Qui a pris l'argent qui étoit sur cette table ? Je n'ai fait que tourner la tête, il est disparu, il a disparu.* ( Acad. )

*Crû* , participe passé du verbe *croître* , reçoit pareillement les deux verbes *avoir* et *être*. *La rivière est* crûe, *a* crû ; *sa famille est bien crûe, a bien crû.* (Acad.) *Décru , recru , accru* se joignent ordinairement au verbe *être* : *les jours* sont bien *décrus* ; *les eaux* sont bien *décrues* ; *ses revenus* sont bien *accrus*. Mais quand *accroître* a une signification active , *accru* prend le verbe *avoir* : *il a beaucoup* accru *ses revenus*.

*Péri* , participe du verbe *périr* , se conjugue avec les deux verbes *être* et *avoir* : *cette armée est diminuée de moitié ; les combats en ont fait périr une partie , le reste est péri, a péri de nécessité , de faim et de misère ; tous ceux qui étoient sur ce vaisseau* ont *péri , sont péris*. (Acad. )

*Cessé* prend *avoir* , quand il est suivi d'un régime : *vous avez cessé votre travail ; elle n'auroit point cessé de chanter. Cessé , sans* régime, prend *avoir* ou *être*. Sa fièvre a *cessé*, ou *est cessée*. ( Acad. )

*Convenu* se joint à *avoir*, quand le verbe *convenir* signifie *être convenable* ; et il se joint au verbe *être*, quand *convenir* signifie *demeurer d'accord*. Exemple : *cette maison nous a convenu, et nous sommes convenus du prix.*. ( Acad. )

*Contrevenu*, prend aussi les deux verbes auxiliaires. Exemple : *il pretendoit n'avoir point contrevenu, n'être point* contrevenu *à la loi*. ( Acad. )

*Monté* se joint *à avoir*, quand *monter* a un régime : *il a monté l'escalier ; a-t-on monté le foin au grenier ?* Il se joint indifféremment à *être* ou à *avoir*, quand il n'a point de régime. Exemples : *il étoit sergent, il a monté à la lieutenance ; il étoit en troisième, il est monté en seconde ; la rivière a monté cette année à une telle hauteur ; le blé a monté, est monté jusqu'à vingt francs le setier*. ( Acad. )

*Demeuré* reçoit *avoir*, quand le verbe *demeurer* signifie faire sa demeure : *j'ai demeuré* trois ans à la campagne. Il reçoit le verbe *être* quand *demeurer* signifie *rester*. *Il est demeuré en chemin ; il est demeuré deux mille hommes sur la place ; voilà où nous en sommes demeurés ; elle y est demeurée pour les gages*. ( Acad. )

*Echappé* prend *avoir*, quand *échapper* signifie *s'évader, se sauver. Il a échappé du feu*. Il prend *être* ou *avoir*, quand *échapper* signifie *n'être point saisi, aperçu. Le cerf a échappé* ou est *échappé aux chiens*. ( Acad.)

Cependant être *échappé* ou avoir *échappé*, sont deux locutions qui ont un sens bien différent. La première désigne une chose faite par inadvertance ; la seconde une chose non faite, soit par inadvertance, soit par oubli. *Ce mot m'est échappé*, c'est-à-dire, *j'ai prononcé ce mot sans y prendre garde. Ce que je voulois dire* m'a échappé, c'est-à-dire, *j'ai oublié de vous le dire ;* ou, dans un autre sens, *j'ai oublié ce que je voulois dire*. ( Encyclopédie. )

*Été*, participe passé du verbe *être*, s'emploie quelquefois pour *allé*, participe du verbe *aller*. On dit *j'ai été* à Rome, pour dire qu'on y est allé, et qu'on en est revenu ; et, il *est allé* à Rome, pour marquer qu'il n'en est pas encore de retour. Ainsi toutes les fois qu'on suppose le retour, il faut dire : *il a été, j'ai été ;* et lorsqu'il n'y a pas de retour, il faut dire, *il est allé*. D'après cette règle, on ne doit pas se servir du participe *allé* avec le verbe *être*, aux deux premières personnes. Ne dites pas : *j'y suis allé, tu y es allé, nous y sommes allés, vous y êtes allés ;* mais dites : *j'y ai été, tu y as été, nous y avons été, vous y avez été*, etc.

Les participes *résulté, subvenu*, se joi-

gnent toujours au verbe *avoir*. Dites : *il a résulté de là*, et non pas, *il est résulté ;* on a
*subvenu à ses besoins*, et non pas, *on est
subvenu*.

Le participe *tombé* reçoit toujours le verbe
*être*. *Il a voulu courir*, *et il est tombé ; il est
tombé de la neige ;* et au figuré, *cette pièce
est absolument tombée*.

*Suppression des Participes* étant, ayant.

*Étant* se supprime bien avant le participe
passé ; mais *ayant* ne se supprime jamais.
Ainsi, dans ces vers de Racine :

> . . . . . . , *A ces mots, ce héros expiré
> N'a laissé dans mes bras qu'un corps défiguré.*

*Ce héros expiré* n'est pas plus françois que
*ce héros parlé*, pour *ayant parlé*. *Expiré ,*
dans le sens propre, convient aux personnes
et se conjugue avec *avoir*. On doit dire, *ce
héros ayant expiré*, etc. Le même verbe,
dans le sens figuré, convient aux choses, et
se conjugue avec *être*. Alors on peut supprimer *étant* avant le participe, et dire : *je n'ai
plus que six mois*, et mon bail expiré, *il
faut que je me retire*.

Il ne faut pas donner aux participes des verbes neutres, un sens qui n'appartient qu'aux
participes passifs. Ainsi, on ne doit pas dire
*des expressions convenues*, pour *dont on est
convenu ;* des principes réfléchis, pour *sur
lesquels on a réfléchi*.

On dit bien *une lumière réfléchie*, parce que *réfléchir*, dans le sens physique, est actif; mais comme on ne peut pas dire *réfléchir un principe*, il s'ensuit qu'on ne peut pas dire non plus, un *principe réfléchi*, etc.

# TROISIÈME PARTIE.

## L'ORTHOGRAPHE.

*L'orthographe* ou la *lexicographie* est l'art et la manière d'écrire les mots d'une langue.

## ARTICLE PREMIER.

### Orthographe des Substantifs.

C'est dans le dictionnaire qu'il faut chercher la manière d'écrire les noms. Nous ne pouvons présenter ici que quelques observations générales (1).

_________

(1) Depuis plusieurs années, quelques professeurs donnent à leurs élèves des *cacographies* à corriger. Je trouve cette méthode fort utile, et je l'emploie moi-même avec succès. J'ai vu des élèves faire des progrès considérables en peu de mois, et vaincre toutes les difficultés de la grammaire, et particulièrement des *participes*. Mais je ne crois point que le choix de ces *cacographies* soit indifférent. Quelques-unes ne vous offrent qu'une suite de phrases insignifiantes, et souvent même déplacées dans un livre destiné à l'instruction de la jeunesse. C'est ce qui m'a décidé à donner au public: *la nouvelle cacographie, ou exercices sur les participes et les principales difficultés de la langue françoise, suivis d'un choix de sujets de lettres et de compositions propres à former le style et le jugement des élèves. Paris, Le Prieur, 1811.*

1°. Les consonnes finales de la plupart des noms ne se prononcent point. Pour connoître la consonne finale qui ne sonne point dans un nom, il faut faire attention aux mots qui én dérivent. Ainsi, on saura qu'il faut écrire *plomb, dard, sourcil, sanglot,* etc., parce que les dérivés de ces noms sont *plomber, darder, sourciller, sangloter,* etc.

2°. La première lettre des noms *propres* doit être une capitale. *Racine, Fénélon, Cornélie,* le *Rhin,* les *Grecs,* les *Romains,* etc. Mais si ces mots, les *Grecs,* les *Romains,* sont joints à un nom qu'ils modifient, c'est-à-dire, sont employés comme *adjectifs,* ils s'écrivent sans lettre capitale : *les consuls romains, l'armée françoise,* etc.

## ARTICLE II.

### *Orthographe des Adjectifs.*

L'adjectif féminin *grande* perd quelquefois l'*e* devant un substantif qui commence par une consonne ; mais alors on indique cette suppression par une apostrophe : *grand'-peine, grand'chose, grand'chère, grand'-pitié, grand'chambre, grand'messe, grand'-mère,* etc. L'adjectif *feu* s'écrit sans *e* avant l'article ou avant l'adjectif possessif : *feu* la reine, *feu* ma mère. Mais il prend l'*e,* quand il est placé après l'article ou après l'adjectif possessif : la *feue* reine ; ma *feue* mère.

On distingue l'adjectif possessif *ses* de l'adjectif démonstratif *ces*, en ce que *ses* peut se changer en *de lui*, *d'elle* ou *de soi*. Exemple : *on n'use point de* ces *façons-là avec* ses *amis*. J'écris le premier *ces* avec un *c*, parce qu'il ne peut point se traduire par *de lui*, *d'elle*, *de soi*; mais le second peut recevoir ce changement; je l'écris avec *s*.

On met un accent circonflexe sur l'*u* de l'adjectif *sûr*, *sûre*, lorsqu'il signifie qu'une chose est vraie, certaine : *cela est sûr; c'est une chose sûre;* mais on n'en met point sur l'*u* de l'adjectif *sur*, *sure*, quand il exprime qu'une chose est d'un goût acide et aigret : *ce fruit est sur; l'oseille ronde est fort sure*. On n'en met pas non plus sur l'*u* de la préposition *sur : monter sur une hauteur......* L'adverbe *surement*, et le substantif *sureté*, s'écrivent sans accent circonflexe.

On met un accent circonflexe sur l'*u* de l'adjectif *mûr*, *mûre*, qui exprime l'état de maturité : des *raisins mûrs*, des *cerises mûres;* un *âge mûr*, une *affaire mûre*. On en met pareillement un sur l'*u* de adverbe *mûrement : après avoir mûrement considéré*, etc., et sur celui du verbe *mûrir: chaque chose mûrit en sa saison*. On en met aussi sur l'*u* de *mûrier*, arbre qui produit un fruit appelé *mûre : on nourrit les vers à soie de feuilles de mûrier blanc ; du sirop de mûres, un pannier de mûres*. Mais on ne met point d'accent circonflexe sur l'*u* du subs-

*tantif* mur ( ouvrage de maçonnerie) : *il tomba et donna de la tête contre un* mur. .

## ARTICLE III.

### *Orthographe des Pronoms.*

*Leur* ne prend jamais *s* à la fin, quand il est joint à un verbe ; alors il est mis pour *à eux, à elles : vos frères, vos sœurs ont profité des avis que je* leur *ai donnés.*

*Leur* placé devant un nom pluriel, ou précédé des articles *les, des, aux,* prend *s : les hommes ont* leurs *défauts, et les femmes ont les* leurs.

On ne met point d'accent circonflexe sur l'o de *notre, votre,* quand ces mots sont devant un nom ; ce sont alors des adjectifs possessifs : *votre* livre ; *notre* ami. Mais on met un accent circonflexe sur *ô* dans *nôtre, vôtre, nôtres, vôtres,* lorsqu'ils sont précédés d'un article ; ce sont alors des *pronoms possessifs; il a pris ses livres et les* vôtres; *vous avez beau vanter* votre *pays, j'aime mieux le* nôtre.

## ARTICLE IV.

### ORTHOGRAPHE DES VERBES.

### *Présent de l'Indicatif.*

*Singulier.* 1°. Si la première personne finit par *e : j'aime, j'ouvre,* etc., on ajoute *s* à la seconde; la troisième est semblable à la première ; exemple : *j'aime, tu aimes, il aime.*

2°. Si la première personne finit par *s,* ou *x,* la seconde est semblable à la première, la troisième finit ordinairement en *t ; je finis, tu finis, il finit.* On met un accent circonflexe sur l'*i* des verbes qui en ont un au présent de l'infinitif, comme *connoître, il connoît ;* ainsi que dans *il plaît.* Cet *i* de *connoître , paroître,* etc. prend également l'accent circonflexe dans tous les temps où il est suivi d'un *t.* Je *connoîtrai,* je *paroîtrois,* etc. (Dans quelques verbes, la troisième personne se termine en *d ;* il *rend,* il *vend,* il *prétend.*)

*Pluriel.* Le pluriel, dans toutes les conjugaisons, se termine toujours par *ons, ez, ent* : *nous chantons, vous chantez, ils chantent ; nous bénissons, vous bénissez, ils bénissent,* etc.

### Imparfait de l'Indicatif.

Il se termine toujours de cette manière : *ois, ois, oit, ions, iez, oient.*

*Je chantois, tu chantois, il chantoit, nous chantions, vous chantiez, ils chantoient.*

### Prétérit de l'Indicatif.

Le prétérit *défini* a quatre terminaisons : *ai, is, us, ins,* de cette manière :

*Je chantai, tu chantas, il chanta, nous chantâmes, vous chantâtes, ils chantèrent.*

*Je bénis, tu bénis, il bénit, nous bénîmes, vous bénîtes, ils bénirent.*

*J'aperçus, tu aperçus, il aperçut, nous aperçûmes, vous aperçûtes, ils aperçurent.*

*Je devins, tu devins, il devint, nous devînmes, vous devîntes, ils devinrent.*

## Futur de l'Indicatif.

Il se termine toujours ainsi : *rai, ras, ra, rons, rez, ront.*

*Je chanterai, tu chanteras, il chantera, nous chanterons, vous chanterez, ils chanteront.*

*J'apercevrai, tu apercevras, il apercevra, nous apercevrons, vous apercevrez, ils apercevront.*

N'écrivez pas, *j'aperceverai, je répanderai ;* on ne met *e* devant *rai* qu'à la première conjugaison.

## Conditionnel présent.

Il se termine toujours ainsi : *rois, rois, roit, rions, riez, roient.*

*Je chanterois, tu chanterois, il chanteroit, nous chanterions, vous chanteriez, ils chanteroient.*

*J'apercevrois, tu apercevrois, il apercevroit, nous apercevrions, vous apercevriez, ils apercevroient.*

## Présent du Subjonctif.

Il se termine toujours ainsi : *e, es, e, ions, iez, ent.*

*Que je chante ; que tu chantes, qu'il*

*chante, que nous chantions, que vous chan-*
*tiez, qu'ils chantent.*

### Imparfait du Subjonctif.

Il a quatre terminaisons : *asse, isse, usse, insse,* de cette manière :

*Je chantasse, tu chantasses, il chantât, nous chantassions, vous chantassiez, ils chantassent.*

*Je bénisse, tu bénisses, il bénît, nous bénissions, vous bénissiez, ils bénissent.*

*J'aperçusse, tu aperçusses, il aperçût, nous aperçussions, vous aperçussiez, ils aperçussent.*

*Je devinsse, tu devinsses, il devînt, nous devinssions, vous devinssiez, ils devinssent.*

Les élèves sont souvent embarrassés pour distinguer la troisième personne singulière de l'imparfait du subjonctif, d'avec la troisième personne singulière du prétérit défini. Voici un moyen bien simple de lever cette difficulté : c'est de donner au verbe un nominatif pluriel. Alors on voit aisément auquel des deux temps est le verbe. Exemple : *quand la race de Caïn* se fut *multipliée.* Pour savoir si le verbe *fut* est à l'imparfait du subjonctif ou au prétérit défini, je lui donne un nominatif pluriel, et je dis : *quand les enfants de Caïn se* furent *multipliés. Furent* est au prétérit défini ; donc *fut* y est pareillement. Mais dans cette phrase : *je ne m'attendois pas que*

*mon frère* fût *si bien reçu;* si je donne au
verbe *fût* un nominatif pluriel, je dois dire :
*je ne m'attendois pas que mes frères* fussent
*si bien reçus. Fussent* est à l'imparfait du subjonctif, et par conséquent *fût* doit y être
pareillement. Donc ici l'*u* doit être recouvert
d'un accent circonflexe. Cette méthode est
d'un usage fréquent et commode.

*Remarque.* Plusieurs personnes écrivent
les imparfaits des verbes et les conditionnels
en *ais, ais, ait, aient; je chantais, il chan-
tait; tu chanterais, ils chanteraient.* C'est
ce qu'on appelle l'orthographe de *Voltaire.*

Les hommes de lettres et les grammairiens
rejettent cette orthographe; ils conviennent
que la bonne société peut changer la prononciation des mots, pour la rendre plus
agréable; mais ils prétendent avec raison que
la manière d'écrire les mots ne peut admettre
aucun changement. Ainsi, la syllabe *ois* qui
se prononçoit autrefois dans *j'avois, j'aimois,*
je *ferois,* comme dans *bois* et *lois,* a pu
prendre le son de *ais* dans la prononciation;
mais elle a dû continuer de s'écrire de la
même manière, parce que la manière d'écrire
les mots ne change point comme la manière
de les prononcer. Il faut suivre l'orthographe
de l'*Académie,* des auteurs de *Port-Royal,*
de *Pascal,* de *Bossuet,* de *Massillon,* de
*Fénélon,* de *Boileau,* de *Racine,* etc. Tous
ces écrivains ont porté la langue françoise à

I

son plus haut point de perfection. Nous ne pouvons nous proposer de meilleurs modèles à imiter.

## ARTICLE V.

### *Orthographe des Adverbes, des Prépositions, des Conjonctions, et autres mots.*

On met un accent grave sur *là*, adverbe de lieu : *allez là ;* on n'en met point sur *la*, article : la *prudence ;* ni sur le pronom féminin *la : je* la *connois.*

On met un accent grave sur *où*, adverbe de lieu ou de temps : où *allez-vous ? le siècle* où *vécut le Tasse.*

On n'en met point sur *ou* conjonction : *c'est vous* ou *moi.* On distingue la conjonction *ou* de l'adverbe *où*, en ce que la conjonction peut toujours être suivie du mot *bien*, au lieu que l'adverbe ne peut pas en être suivi. On peut dire : *c'est vous* ou bien *moi.* Mais on ne dira point : *la ville* ou bien vous demeurez.

On met un accent grave sur *à* préposition : *je vais* à *Paris.*

On n'en met point sur *a* troisième personne du verbe *avoir : il* a *de l'esprit.*

On met un accent circonflexe sur *dû*, participe du verbe *devoir : rendez à chacun ce qui lui est* dû ; on n'en met point sur *du*, article : *la lumière* du *soleil.*

### De l'Apostrophe.

L'apostrophe est le retranchement d'une voyelle à la fin d'un mot pour la facilité de la prononciation. Le signe de ce retranchement est une virgule que l'on met au haut de la consonne, à la place de la voyelle supprimée, comme dans l'*ami*, l'*histoire*.

L'*e* muet s'élide toujours dans la prononciation avant une voyelle ou une *h* muette; mais, dans l'écriture, on ne marque l'élision par l'apostrophe que dans les monosyllabes *je*, *me*, *te*, *se*, *que*, *de*, *ne*, *ce*, *le*, et dans *quelque*, *entre*, *jusque*, *quoique*.

### EXEMPLES.

*Je*, on dit : j'*apprends*, j'*étudie*, j'*honore*, j'*oublie*, etc., pour je *apprends*, etc.

*Me*, on dit : *vous* m'*aimez*, *vous* m'*estimez*, *vous* m'*instruisez*, etc. pour me *aimez*.

*Te*, on dit : *je* t'*avertis*, *je* t'*ennuie*, *je* t'*invite*, etc., pour te *avertis*, etc.

*Se*, on dit : *il* s'*amuse*, *il* s'*ennuie*, *il* s'*instruit*, *il* s'*occupe*, pour se *amuse*, etc.

*Que*, on dit : qu'*avez-vous fait ?* qu'*importe ?* pour que *avez-vous fait ?* etc.

*De*, on dit : *beaucoup* d'*apparence*, d'*orgueil*, pour de *apparence*, etc.

*Ne*, on dit : *je* n'*aime pas*, *je* n'*estime pas*, *il* n'*obéit pas*, pour ne *aime*, etc.

*Ce*, on dit : c'*est la vérité*, pour ce *est*, etc.

*Le*, on dit : l'*ami*, l'*enfant*, l'*instinct*, l'*oiseau*, l'*univers*, l'*honneur*, pour le *enfant*, etc.

*Quelque*, perd *e* devant *un*, *autre* : quelqu'*un*, quelqu'*autre*.

*Entre*, perd *e* devant *eux*, *elles*, *autres* : entr'*eux*, entr'*elles*, entr'*autres*.

*Jusque*, perd *e* devant *à*, *au*, *aux*, *ici* : jusqu'à *Paris*, jusqu'au *ciel*, jusqu'*ici*.

L'*a* ne se supprime que dans *la*, article ou pronom, l'*ame*, l'*histoire*, etc. : *comment se porte madame votre mère? je ne l'ai pas vue depuis long-temps*, etc., pour *la ame*, *la histoire*, *je ne la ai pas vue*, etc.

L'*i* ne se perd que dans la conjonction conditionnelle *si*, avant le pronom personnel masculin, tant au singulier qu'au pluriel : s'*il vient*, s'*ils viennent*.

## Du Tréma.

Le *tréma* (¨). On appelle ainsi deux points placés sur les voyelles *i*, *u*, *e*, quand ces lettres doivent être prononcées séparément de la voyelle qui précède, comme *haïr*, *païen*, *aïeul*, *ambiguë*, *aiguë*, *ciguë*, pour empêcher qu'on ne prononce ces derniers mots comme *fatigue*. On ne doit pas confondre l'*ï* tréma avec l'*y* ; ainsi, c'est mal à propos que quelques auteurs écrivent *citoïen*, *moïen*, etc.

### De la Cédille.

La *cédille* (ç). On appelle ainsi une petite figure qu'on met sous le *c* devant *a*, *o*, *u*, pour avertir qu'il doit avoir le son de *s*, comme dans *façon*, *leçon*, *façade*, *reçu*.

### De la Parenthèse.

La *parenthèse*. On appelle ainsi deux crochets (), dans lesquels on renferme quelques mots détachés. Exemple : *celui qui refuse d'apprendre* ( dit le Sage ) *tombera dans le mal*.

### Du Trait d'union.

Le *trait d'union* ou *tiret* (–) se met entre deux mots qu'on veut joindre.

On doit l'employer : 1°. après le verbe, quand celui-ci est suivi d'un pronom sujet, pour quelque raison que se fasse cette transposition : *irai-je ? viendrez-vous ? puissiez-vous !* etc.

2°. Après les premières et les secondes personnes de l'impératif, quand elles sont suivies des pronoms *moi*, *toi*, *nous*, *vous*, *le*, *la*, *lui*, *leur*, *y* et *en* ; *donnez-moi*, *prêtez-lui*, *allez-y*, etc. Si elles en ont deux à leur suite, chaque pronom est précédé d'un tiret, *rendez-le-lui*, *donnez-nous-le*.

## ARTICLE VI.

### De la Ponctuation.

La *ponctuation* est l'art d'indiquer dans

l'écriture, par des signes reçus, la proportion des pauses que l'on doit faire en parlant.

Les repos de la voix dans le discours, et les signes de la ponctuation dans l'écriture, doivent donc toujours se correspondre.

Les signes de la ponctuation sont la virgule (,), le point et la virgule (;), les deux points (:), et le point (.); auxquels on joint le point exclamatif (!), et le point interrogant (?).

## De la Virgule.

La virgule marque la plus petite pause possible ; elle se place entre les substantifs, les adjectifs, et les verbes qui se suivent.

### EXEMPLES.

Le *cœur*, *l'esprit*, les *mœurs*, *tout* gagne à la culture.
(VOLTAIRE. )

Il faut régler ses *goûts*, ses *travaux*, ses *plaisirs*, etc.
( Le même. )

Dans un chemin *montant*, *sablonneux*, *mal-aisé*,
Et de tous les côtés au soleil *exposé*,
Six forts chevaux tiroient un coche.
( LA FONTAINE.)

L'attelage *suoit*, *souffloit*, *étoit* rendu.
( Le même.)

La virgule sert encore à distinguer les différentes parties d'une phrase : *les anciennes mœurs*, *un certain usage de la pauvreté*, *rendoient à Rome les fortunes, à peu près égales.*

On met entre deux virgules toute proposition incidente, purement explicative : *les passions*, qui sont les maladies de l'ame, *ne viennent que de notre révolte contre la raison.*

Mais la proposition incidente déterminative ne doit point être mise entre deux virgules, parce qu'elle ne peut être séparée de la proposition principale sans altérer le sens de celle-ci. Exemples : *la gloire* qui vient de la vertu *a un éclat immortel.*

On met la virgule après tout mot elliptique qui se trouve au commencement d'une phrase, soit qu'il représente une phrase entière, soit qu'il ne tienne lieu que d'une préposition avec son régime. *Encore trop heureux, si les coups les plus cruels de la fortune ont servi à m'instruire et à me rendre plus modéré.* ( FÉNÉLON.)

> *Enfin, pour mieux cacher cet horrible mystère,*
> *Il me donna sa sœur, il m'appela son frère.*
> ( VOLTAIRE. )

> *Là, tous les champs voisins, peuplés de myrtes verts,*
> *N'ont jamais ressenti l'outrage des hivers.*
> ( Le même. )

On sépare par une virgule les mots en apostrophe ou en exclamation, s'ils sont au commencement de la phrase, et on les met entre deux virgules, s'ils se trouvent dans le corps de la phrase. Il en est de même des interjections.

> *Jeux cruels du hasard, en qui me montrez-vous*
> *Une si fausse image et des rapports si doux ?*
> ( VOLTAIRE. )

*Venez , dignes amis , venez , vengeurs des crimes,*
*Au dieu de la patrie , immoler ces victimes.*
( Le même. )

*Hé quoi, Mathan ! d'un prêtre est-ce là le langage ?*
( RACINE. )

### Du Point avec la Virgule.

Le point avec la virgule marque une pause un peu plus longue. Il se met entre deux phrases dont la seconde dépend de la première. Exemple : *l'auteur, pour bien écrire , doit être également attentif aux choses qu'il dit , et aux termes dont il se sert ; afin qu'il y ait du vrai et du goût dans ses ouvrages.*

### Des deux Points.

Les deux points marquent encore une pause plus longue. On s'en sert,

1°. Après une phrase finie , mais suivie d'une autre qui l'éclaircit, ou qui l'étend. Exemple : *il ne faut jamais se moquer des misérables : car qui peut s'assurer d'être toujours heureux ?*

2°. Quand on passe à un discours direct qu'on rapporte. Exemple : *Calypso s'avance vers Télémaque ; et sans faire semblant de savoir qui il est : d'où vous vient , lui dit-elle , cette témérité d'aborder en mon île ?... Télémaque lui répondit : ô vous , qui que vous soyez ; mortelle ou déesse , etc.*

### .Du Point.

Le point marque la plus longue de toutes

les pauses. On le met après un sens entièrement fini. Exemples : *la pudeur fut toujours la première des grâces.*

Outre ce point, on doit en distinguer deux autres qui sont d'un grand usage ; savoir le point d'interrogation, et le point exclamatif.

Le point *interrogant* se met à la fin des phrases qui expriment une interrogation : *quoi de plus beau que la vertu ?*

Le point *exclamatif* se met à la fin des phrases qui expriment la surprise, la terreur, la pitié, etc., ou après une interjection : *en effet, dès qu'elle parut : ah ! mademoiselle, comment se porte monsieur mon frère ?... Sa pensée n'osa aller plus loin.... Madame, il se porte bien de sa blessure.... Et mon fils !.... On ne lui répondit rien. Ah ! mademoiselle, mon fils ! mon cher enfant ! répondez-moi, est-il mort sur le champ ? n'a-t-il pas eu un seul moment ? Ah ! mon Dieu ! quel sacrifice !* (Mad. de SÉVIGNÉ.)

## ARTICLE VII.

### *Des parties du Discours.*

Qu'est-ce que faire *les parties du discours ?*

On entend par *faire les parties du discours*, expliquer un discours mot à mot, en marquant sous quelle partie du discours chaque terme doit être rangé, quelle fonction il remplit dans la phrase, et en rendant compte de la manière dont il est écrit, d'après les règles de la grammaire.

Les élèves ne sauroient trop s'exercer à faire de vive voix et par écrit ces sortes de *décompositions* ou *analyses*. Elles contribuent beaucoup à faire faire des progrès rapides dans l'étude de toutes les langues.

L'analyse *logique* n'est pas moins utile que l'analyse *grammaticale*. L'analyse *logique* est l'examen de la *proposition* dans son ensemble ; elle considère moins les mots que les idées.

Nous allons appliquer successivement chacune de ces deux sortes d'analyses à un même exemple. Mais pour faire avec succès l'*analyse logique*, les élèves doivent étudier à fond le traité de la *proposition* que j'ai placé au commencement de mon dictionnaire.

---

Quelque limitées que soient nos lumières sur les sciences, je crois qu'on ne sauroit nous disputer de les avoir poussées au-delà des bornes anciennes. Héritiers des siècles qui nous précèdent, nous devons être plus riches des biens de l'esprit.

(VAUVENARGUES.)

## ANALYSE GRAMMATICALE.

| | |
|---|---|
| *Quelque* | Adjectif employé dans le sens de *à quelque point que* ; invariable, parce qu'il devient *adverbe*, par sa position avant un adjectif. |
| *limitées* | Adj. f. pl. qui qualifie *lumières* ; au *positif*, parce qu'il est pris dans sa signification simple ; *fém.* formé par *e* ; plur., par *s*. |

| | |
|---|---|
| *que* | Sorte de conjonction liée à *quelque*. |
| *soient* | V. *Être*, subst. ou par excellence, qui sert à affirmer la convenance qui se trouve entre le sujet *lumières* et l'attribut *limitées*; 3<sup>e</sup>. pers. pl. à cause du sujet *nos lumières*; au mode *subjonctif*, gouverné par *quelque... que*, qui marque restriction, et au présent, par concordance avec le verbe *je crois* dans la proposition principale. |
| *nos* | Adj. possessif, pl. des deux genres, qui qualifie *lumières* par une idée de possession, et avec rapport à la 1<sup>re</sup>. pers. plur., parce qu'en faisant la question, *les lumières de qui?* on aura pour réponse : *les lumières de nous*. |
| *lumières* | S. c. f. pl. qui nomme une chose et convient à plusieurs; plur. formé par *s*; sujet ou nominatif du verbe *soient*, parce que c'est l'objet dont on affirme la qualité représentée par l'attribut *limitées*. |
| *sur* | Prépos. qui marque un rapport entre *lumières* et *sciences*. |
| *les* | Art. simple, pl. des deux genres, qui détermine *sciences*. |
| *sciences,* | S. c. f. pl. qui nomme une chose et convient à plusieurs; plur. par *s*; régime de la prép. *sur*, parce qu'il en dépend. |
| *je* | Pron. pers. 1<sup>re</sup>. pers. sing., qui désigne la personne qui parle; sujet ou nominatif du verbe *crois*, parce qu'il fait l'action exprimée par ce verbe. |
| *crois* | V. *croire*, actif, parce qu'il exprime une action qui tombe sur un objet étranger au sujet, et qu'on peut mettre après lui *quelqu'un* ou *quelque chose*; 4<sup>e</sup>. conjug. à cause de l'infinitif en *re*; 1<sup>re</sup>. pers. sing., à cause du sujet *je*; au prés. ind., parce qu'on affirme positivement une chose présente; temps simple, parce qu'il n'emploie pas d'auxiliaire; temps primitif, parce qu'il sert à former d'autres temps, et qu'il n'est lui-même formé d'aucun autre. |
| *que* | Conjonct. déterminative qui sert à particulariser le sens du premier verbe. |
| *on* | ( Formé par corruption du mot *homme*. ) Pron. indéf., qui désigne une 3<sup>e</sup>. pers. indéter- |

minée, sujet du verbe *sauroit*, parce qu'il est le principe de l'action de ce verbe.

**ne** — Adverbe de négation.

**sauroit** — V. *savoïr*, actif, parce qu'il exprime une action dont l'impression peut être reçue par un objet étranger, et qu'on peut mettre après lui *quelqu'un* ou *quelque chose*; 3e. conj., à cause de l'inf. en *oir*; 3e. pers. sing., à cause du sujet *on*; au conditionnel présent, qui exprime une chose présente, mais subordonnée à une condition; temps simple, parce qu'il est sans auxiliaire; temps dérivé du futur simple, en changeant *rai* en *rois*.

**nous** — Pour *à nous*, pron. pers. 1re. pers. pl., qui désigne les personnes qui parlent; régime indirect du verbe *disputer*, parce que c'est à ce pronom qu'aboutit ou se termine l'action de ce verbe, à l'aide de la prép. sous-entendue *à*.

**disputer** — V. actif, parce qu'il marque une action qui tombe sur un objet étranger au sujet, et qu'on peut le faire suivre de *quelqu'un* ou de *quelque chose*; au présent de l'infinitif, parce qu'il exprime une action générale dans un temps relatif au verbe qui précède, et qu'il dépend d'un autre verbe; temps simple, parce que, etc.; temps primitif, etc.

**de** — Prépos. qui marque un rapport de spécification entre les deux verbes.

**les** — Pour *elles*, pron. rel. qui rappelle l'idée de *lumières*; rég. dir. du verbe suivant, parce que c'est l'objet immédiat de l'action de ce verbe.

**avoir poussées** — V. *pousser*, actif, parce qu'il marque une action, etc.; au prét. de l'inf., parce qu'il exprime une action en général dans un temps passé, et qu'il dépend d'une préposition; temps composé du participe passé et du prés. de l'inf. de l'auxiliaire *avoir*. — Le participe passé *poussées* est au fém. plur., parce qu'il s'accorde avec *les*, pour *elles*, régime direct, placé avant lui; 3e. règle.

**au-delà** — Prépos. qui marque le lieu.

**des** — Pour *de les*, art. comp. pl. de deux genres qui détermine *bornes*.

| | |
|---|---|
| *bornes* | S. c. f. pl. qui nomme une chose et convient à plusieurs, rég. de la préposition *de* dans *des*; plur. par *s*. |
| *anciennes.* | Adj. f. pl. qui qualifie *bornes*; au positif, parce qu'il est pris dans sa signification simple; fém. formé en doublant la consonne finale et ajoutant un *e* muet; plur. par *s*. |
| *Héritiers* | Adj. m. pl. qui qualifie *nous*; plur. par *s*. |
| *des* | Pour *de les*, art. comp. pl. des deux genres, qui détermine *siècles*. |
| *siècles* | S. c. m. pl. qui nomme une chose et convient à plusieurs; plur. formé par *s*; rég. de la prép. *de* dans *des*. |
| *qui* | Pron. rel. pl. qui rappelle l'idée du nom *siècles*; déterminatif, parce qu'il sert à déterminer positivement le sens du nom *siècles*, sujet du verbe suivant, *précèdent*, parce que c'est le principe de l'action de ce verbe. |
| *nous* | Pron. pers. 1re. pers. pl. qui désigne les pers. qui parlent; rég. dir. de *précèdent*, parce que c'est l'objet immédiat de l'action de ce verbe. |
| *précèdent,* | V. *précéder*, actif, parce qu'il marque une action, etc.; 1re. conj. parce qu'il a l'inf. terminé en *er*; 3e. pers. plur., à cause du sujet *qui*; au prés. ind. parce qu'il désigne positivement une chose présente; temps simple, parce qu'il est sans auxiliaire; temps dérivé du participe présent, en changeant *ant* en *ent*. |
| *nous* | Pron. pers. 1re. pers. plur. qui désigne les personnes qui parlent, sujet du verbe *devons*. |
| *devons* | V. *devoir*, actif, parce qu'il marque une action, etc.; 3e. conj. à cause de l'inf. en *oir*; 1re. pers. plur. à cause du sujet *nous*; au prés. ind., parce qu'on affirme positivement une chose présente; temps simple, parce qu'il n'emploie pas d'auxiliaire; dérivé du participe présent, en changeant *ant* en *ons*. |
| *être* | V. subst. qui affirme la convenance de l'attribut *riches* avec le sujet *nous*; au prés. inf. parce qu'il désigne une chose en général, et qu'il dépend d'un autre verbe. |
| *plus riches* | Adj. m. plur. qui qualifie *nous*; au comparatif de supériorité, parce qu'il marque une |

| | |
|---|---|
| | supériorité de qualité; plur. formé par *s.* |
| *des* | Pour *de les*, art. comp. plur. qui détermine le nom *biens.* |
| *biens* | S. c. m. pl. qui nomme une chose et convient à plusieurs; plur. formé par *s*, rég. de la prép. *de* dans *des.* |
| *de* | Prép. qui marque un rapport de propriété entre *biens* et *esprit.* |
| *l'* | Pour *le*, art. s. m. s. qui dét. *esprit.* |
| *esprit* | S. c. m. s. qui nomme une chose et convient à plusieurs; régime de la préposition *de*, parce qu'il en dépend. |

## ANALYSE LOGIQUE.

QUELQUE LIMITÉES QUE SOIENT NOS LUMIÈRES, *proposition incidente*, qui marque une certaine restriction et modifie la proposition principale qui suit. Le *sujet* est *nos lumières*, et ce sujet est *simple* et *incomplexe*, parce qu'il n'est question que d'une seule chose, et qu'il n'y a aucun accessoire joint au sujet; le *verbe* est *soient*; c'est le lien entre les idées de *lumières* et de *limitation*, que l'on compare; l'*attribut* est *limitées*; c'est la qualité qu'on affirme convenir au sujet *lumières*. Il y a *inversion* dans cette proposition, en ce que le sujet est après, et l'attribut avant le verbe.

SUR LES SCIENCES, préposition et son complément, accessoire de l'attribut *limitées*.

JE CROIS, *proposition principale*, qui a pour *sujet* le pronom *je*; et *crois*, mis pour *suis croyant*, offre le verbe et l'attribut; elle est *simple*, parce qu'elle n'a qu'un sujet et qu'un attribut; *incomplexe*, parce qu'il n'y a d'accessoires ou de modifications ni au sujet ni à l'attribut; *directe*, parce que les mots sont dans l'ordre naturel des idées, et sont rangés suivant les règles de la construction françoise.

QU'ON NE SAUROIT NOUS DISPUTER DE LES AVOIR POUSSÉES AU-DELA DES BORNES ANCIENNES, *proposition incidente*, jointe à la principale, par la conjonction déterminative *que*, et modifiant le verbe de la principale. Elle est *simple*, parce qu'elle n'a qu'un sujet *on*, et un attribut *sachant*, compris dans *sauroit*, mis pour *seroit sachant*; *directe*, parce que les mots sont dans l'ordre naturel des idées.

*Nous disputer*, complément du verbe *sauroit*, dont la construction offre une inversion dans *nous* qui est avant le verbe.

*De les, avoir poussées au-delà des*, etc., complément du verbe *disputer*. Il y a aussi une inversion en ce que *les*, rég. dir., est avant le verbe au lieu d'être après.

Héritiers des siècles qui nous précèdent. Cette réunion de mots sert à modifier le sujet *nous* et le rend *complexe*. On y voit une *proposition incidente* dans *qui nous précèdent*. Cette proposition modifie *siècles*, et en restreint la signification ; c'est pourquoi elle est *déterminative*. Le *sujet* est *qui* ; l'*attribut* est avec le *verbe* dans *précèdent*, mis pour *sont précédant*. Elle est *simple*, parce qu'il n'y a qu'un sujet et qu'un attribut ; *incomplexe*, parce qu'il n'y a d'accessoires ni au sujet ni à l'attribut ; *indirecte*, parce que *nous*, rég. dir., est avant le verbe.

Nous devons être plus riches des biens de l'esprit, *proposition principale*, qui contient ce qu'on veut spécialement faire entendre ; *simple*, parce qu'il n'y a qu'un sujet *nous*, et qu'un *attribut*, renfermé avec le verbe, dans *devons*, mis pour *sommes devant* ; *incomplexe*, parce qu'il n'y a d'accessoires ni au sujet ni a l'attribut ; *directe*, parce que tous les mots sont dans l'ordre naturel des idées. — *Être*, est le complément du verbe *devons* ; *plus riches*, attribut qui modifie *nous* ; *des biens*, déterminatif de l'adjectif *riches* ; *de l'esprit*, déterminatif du nom *biens*.

# DE LA VERSIFICATION FRANÇOISE.

La *versification* est l'art de faire des vers.
- Les *vers* sont des paroles mesurées et cadencées, selon certaines règles fixes et déterminées.

Les règles de la versification françoise regardent: 1°. le nombre des syllabes qui doivent entrer dans les vers ; 2°. la césure ou l'hémistiche qui doit y marquer un repos ; 3°. la rime qui les termine ; 4°. les mots qui ne peuvent entrer , soit dans les vers de telle ou telle mesure , soit dans aucune espèce de vers ; 5°. les licences que les poëtes peuvent se permettre ; 6°. les diverses manières dont les vers doivent être arrangés entr'eux , dans les différentes espèces de poëmes , ou de pièces de vers.

## ARTICLE PREMIER.

### *Du nombre des Syllabes.*

C'est le nombre des syllabes , qui distingue les différentes espèces de vers françois. Il y a des vers de douze , de dix , de huit , de sept , de six , de cinq , de quatre , de trois , de deux syllabes , et même d'une seule syllabe.

*Vers de douze syllabes.*

Ce-lui qui met un frein à la fu-reur des flots ,
Sait aus-si des mé-chants ar-rê-ter les com plots.
RACINE.

Ces vers s'appellent *alexandrins*, parce qu'ils furent, dit-on, employés pour la première fois par un poëte nommé *Alexandre ;* *héroïques*, parce qu'ils sont principalement en usage dans les ouvrages *héroïques*, les tragédies, poëmes épiques, etc., ou bien on les nomme simplement *grands vers*.

*Vers de dix syllabes.*

Nais-sez, mes vers, sou-la-gez mes dou-leurs,
Et sans ef-fort, cou-lez a-vec mes pleurs.
PARNY.

*Vers de huit syllabes.*

Sous un ciel tou-jours ri-gou-reux
Au sein des flots im-pé-tu-eux.
GRESSET.

*Vers de sept syllabes.*

Pas un seul pe-tit mor-ceau
De mou-che ou de ver-mis-seau.
LA FONTAINE.

*Vers de six syllabes.*

Il a-voit du comp-tant,
Et parlant
De quoi choisir ; toutes vouloient lui plaire.
( LE MÊME. )

*Vers de cinq syllabes.*

Dans ces prés fleu-ris
Qu'ar-ro-se la Seine,
Cher-chez qui vous mène,
Mes chè-res bre-bis.
Madame DÉSHOULIÈRES.

*Vers de quatre syllabes.*

Rien n'est si beau
Que mon ha-meau.
BERNARD.

*Vers de trois syllabes.*

Des Gau-lois,
Des bour-geois
D'au-tre-fois.

                COLLÉ.

*Vers de deux syllabes.*

Mais qu'en sort-il souvent ?
Du vent.

              LA FONTAINE.

L'homme au trésor arrive, et trouve son argent
Ab-sent.

              Le même.

*Vers d'une syllabe.*

Mettez-vous bien cela
Là,
Jeunes fillettes ;
Songez que tout amant
Ment
Dans ses fleurettes.
Et l'on voit des commis
Mis
Comme des princes,
Qui jadis sont venus
Nus
De leurs provinces.

              PANARD.

# ARTICLE II.

## *De la Césure et de l'Hémistiche.*

Le mot *césure* vient du *latin*, et veut dire l'endroit où le vers est en quelque sorte coupé, où il y a un repos.

*Hémistiche* vient du *grec*, et signifie demi-vers.

Dans les vers *alexandrins* ou *grands vers*, le repos doit être à la fin du premier hémistiche. Boileau en a donné en même temps le précepte et l'exemple dans ces deux vers :

Que toujours dans vos vers — le sens coupant les mots,
Suspende l'hémistiche, — en marque le repos.

Dans les vers de dix syllabes, la *césure* est après la quatrième, et partage le vers en deux hémistiches inégaux, l'un de quatre syllabes, l'autre de six.

Je vous l'ai dit, — l'Amour a deux carquois.
VOLTAIRE.

# ARTICLE III.

## *De la Rime.*

La *rime* est l'uniformité de son dans la terminaison de deux mots. Tous les vers françois sont rimés.

Les rimes sont *masculines* ou *féminines*.

Les rimes *masculines* sont celles qui ne sont point terminées par un *e* muet.

Jadis l'homme vivoit, au travail occupé,
Et ne trompant jamais, n'étoit jamais trompé.

Son ton simple et naïf n'a rien de fastueux,
Et n'aime point l'orgueil d'un vers présomptueux.

Il peut dans son jardin tout peuplé d'arbres verts,
Recéler le printemps au milieu des hivers.
BOILEAU.

Les mots terminés par *oient*, à l'imparfait et au conditionnel des verbes, n'ayant le son que d'un *è* ouvert, forment une rime masculine.

Du temps que les bêtes *parloient*,
Les lions entr'autres *vouloient*
Etre admis dans notre alliance.
LA FONTAINE.

Les rimes *féminines* sont celles qui se terminent par un *e* muet, soit seul, soit suivi d'une *s*, ou de *nt*.

> Il fallut s'arrêter, et la rame inutile
> Fatigua vainement une mer immobile..
>
> Orgueilleuse rivale, on t'aime et tu murmur*es*,
> Souffrirai-je à la fois la gloire et tes injur*es ?*
>
> Les forêts de nos cris moins souvent retentiss*ent;*
> Chargés d'un feu secret, vos yeux s'appesantiss*ent.*
>
> RACINE.

Dans les vers dont la rime est féminine, et que pour cette raison on appelle vers *féminins*, l'*e* muet de la fin sonne si foiblement, qu'on l'entend à peine ; et cette dernière syllabe est comptée pour rien dans la mesure des vers.

Les rimes, soit masculines, soit féminines, sont ou *riches*, ou seulement *suffisantes*. La rime *riche* est formée de deux mots, dont les derniers sons sont parfaitement semblables, et même autant qu'on le peut, représentés par les mêmes lettres, comme dans ces vers :

> Mais dès qu'on veut tenter cette vaste *carrière*,
> Pégase s'effarouche et recule en *arrière*. . . .
> Et leurs cœurs s'allumant d'un reste de *chaleur*,
> La honte fait en eux l'effet de la *valeur*.
>
> BOILEAU.

La rime *suffisante* est celle qui n'a pas une ressemblance aussi rigoureuse de sons et d'orthographe, mais qui suffit cependant pour produire à l'oreille une véritable consonnance entre la fin de deux vers :

> Toi qui, né philosophe au milieu des *grandeurs*,
> As secoué le joug des modernes *erreurs*....

Démêle autant qu'il peut les principes des *choses*,
Connoît les nœuds secrets des effets et des *causes*.
CHAULIEU.

Le plus ou le moins d'exactitude de la rime dépend d'un assez grand nombre de nuances que l'usage seul apprend à observer, lorsqu'on a l'oreille sensible, et que toutes les règles du monde font mal sentir à ceux qui ne l'ont pas. Trop de scrupule sur cette exactitude peut dégénérer en affectation ; mais l'excès contraire est l'effet d'une négligence qui ôte à l'oreille une partie du plaisir que doit lui causer le son des vers.

Le soin principal du poëte doit être de faire en sorte que la justesse du sens ne souffre jamais de la bonté des rimes.

Quelque sujet qu'on traite, ou plaisant ou sublime,
Que toujours la raison s'accorde avec la rime :
L'un l'autre vainement ils semblent se haïr,
La rime est une esclave, et ne doit qu'obéir.
Lorsqu'à la bien chercher d'abord on s'évertue,
L'esprit à la trouver aisément s'habitue ;
Au joug de la raison sans peine elle fléchit ;
Et loin de la gêner la sert et l'enrichit.
Mais lorsqu'on la néglige, elle devient rebelle,
Et pour la rattraper le sens court après elle.
BOILEAU.

Un même mot, pris dans le même sens, ne peut se placer pour la rime à la fin de deux vers ; on n'y doit pas même mettre deux composés du même mot ; ainsi, *amis* et *ennemis*, ne riment pas bien, non plus que *prudence* et *imprudence*, *bienveillance* et *malveillance*, etc.

Mais quelquefois, le même mot a deux

sens différents ; on peut alors l'employer à la rime, sur-tout dans le style comique et familier.

> . . . . . . . . . . J'y brûlerai mes *livres.*
> Quatre bottes de foin , cinq à six mille *livres !*
>
> RACINE.

Les deux hémistiches d'un vers ne doivent pas rimer ensemble , ni même avoir une convenance de son : ainsi, Boileau a manqué à son exactitude ordinaire , lorsqu'il a dit :

> Aux Saumaises *futurs* préparer des *tortures.*

Il ne faut pas non plus que le dernier hémistiche d'un vers rime avec le premier du vers, soit précédent, soit suivant, ni que les deux premiers hémistiches de deux vers qui se suivent, riment l'un avec l'autre.

# ARTICLE IV.

## *Des termes que le vers exclut.*

Il ne s'agit pas seulement ici des mots prosaïques, durs ou bas, que le goût doit écarter, ni des conjonctions , adverbes , ou pronoms, que le style oratoire peut admettre , mais qui sont incompatibles avec le style poétique, tels que : *c'est pourquoi, parce que, pourvu que* (1) *, de manière* ou *de façon que, d'ailleurs, en effet, quelquefois, quelconque,* etc. Il s'agit sur-tout des sons ou des

---

(1) Racine a dit :

Pourvu que de ma mort respectant les approches , etc.

PHÈDRE , act.

syllabes qui ne peuvent pas entrer dans un vers.

Un mot terminé par une voyelle, autre que *l'e* muet, ne peut être suivi d'un mot qui commence par une voyelle ; Boileau le défend dans ces deux vers :

> Gardez qu'une voyelle, à courir trop hâtée,
> Ne soit d'une voyelle en son chemin heurtée.

Cette rencontre de deux voyelles qui se heurtent, est ce qu'on nomme *hiatus*. Cette loi n'existoit point pour nos anciens poètes ; aussi trouve-t-on beaucoup *d'hiatus* dans leurs vers :

> Un doux *nenni* avec un doux sourire....
> A mon plaisir vous faites *feu* et flamme....
> *Là* où savez sans vous ne puis venir....
> MAROT.

*L'e* muet, à la fin d'un mot, et précédé d'une voyelle, comme dans *aimée*, *finie*, *joie*, *rue*, *roue*, etc., ne peut entrer dans aucun vers, à moins d'une élision ; ainsi on ne pourroit pas dire :

> J'avoue mes défauts, je cache mes vertus ;

mais on diroit bien :

> J'avoue à mes amis mes plus secrets défauts ;

ainsi du reste.

# ARTICLE V.

## *Des licences permises dans les vers.*

Ces licences sont certains tours de phrases, ou certaines altérations de mots, que les vers permettent et qui sont défendus en prose. Les

langues anciennes étoient très-riches en licences de cette espèce, qui faisoient de leur
poésie un langage à part, et entièrement différent de la prose. La plupart des langues
modernes en ont aussi beaucoup, quoiqu'elles en aient moins que la langue grecque et
la langue latine. Elles sont en petit nombre
dans la nôtre, qui est aussi peut-être la moins
poétique de toutes les langues.

Les seules licences qui nous soient permi-
ses, sont certaines transpositions de mots,
l'emploi de certains termes dont la prose ne
se sert pas, le retranchement de quelques lettres dans un petit nombre de mots.

Les transpositions de mots sont ce qu'on
nomme autrement *inversions*. Elles consistent à placer quelques-uns des mots de la
phrase autrement qu'on ne le feroit, en suivant le sens direct et grammatical.

. . . . . . . . . . Pourquoi, sans *Hyppolite*,
Des héros de la Grèce assembla-t-il l'élite ?
Toi-même en ton esprit rappelle le passé. . . .
D'un incurable amour remèdes impuissants !. . . .
RACINE.

Dieu fit dans ce désert descendre la sagesse.
VOLTAIRE.

Les mots propres à la poésie, et qui paroîtroient déplacés dans la prose, sont ceux qui
ont une noblesse, une certaine emphase, qui
les élève au-dessus du langage ordinaire ; tels
sont *antique* pour *ancien*, *coursier* pour
*cheval*, le *flanc* pour le *côté*, le *glaive* pour

l'épée ; les *humains*, les *mortels*, pour les *hommes* ; *hymen* ou *hymenée* pour *mariage*, etc.

Les lettres que l'on peut retrancher dans quelques mots, sont l'*s* finale de la première personne des verbes je *crois*, je *vois*, je *dis*, j'*avertis*, etc., et l'*e* d'*encore*, que les poëtes écrivent *encor*, lorsque cela leur est plus commode.

C'est à peu près à cela que se réduisent toutes nos licences ; aussi les étrangers ont-ils beaucoup de peine à saisir des différences entre nos vers et notre prose, tandis que nous apercevons facilement dans *Milton* ou dans *le Tasse*, des tours, des licences, des hardiesses que la prose *angloise* et la prose *italienne* n'admettroient point.

# ARTICLE VI.

## *De l'arrangement des vers entr'eux.*

Dans cet arrangement, on a égard, soit au nombre des syllabes de chaque vers, soit à la manière dont sont disposées les rimes.

La plupart des grandes pièces de vers, le poëme épique, le poëme dramatique, l'églogue, l'élégie, la satire, l'épître, sont ordinairement écrites en vers de douze syllabes ; il y a pourtant à cela des exceptions ; mais du moins dans chacun de ces genres de poésie, les vers sont le plus souvent de la même mesure, ou du même nombre de syllabes, depuis le commencement jusqu'à la fin. Dans la poésie lyrique, le nombre des syllabes varie, et est sujet à des règles particulières. Dans la poésie légère et libre, on suit, pour le nombre des syllabes, l'arrangement que l'on veut.

Le mélange et la disposition des rimes ont pour base la différence des rimes *masculines* et *féminines*.

I. Il est défendu de mettre de suite deux vers masculins ou deux vers féminins qui ne riment pas ensemble. Les anciens poëtes se permettoient ce mélange qui choqueroit aujourd'hui l'oreille. Il n'est plus permis de dire comme Marot :

> Amour trouva celle qui m'est amère,
> Et j'y étois, j'en sais bien mieux le conte.

Ni :

> J'ai en amour trouvé cinq points exprès,
> Premièrement, il y a le regard, etc.

II. Lorsqu'après deux vers masculins, il y a deux vers féminins, après lesquels reviennent deux autres vers masculins, et ainsi de suite, ces vers sont *à rimes plates :* telles sont les rimes de presque toutes les pièces en *grands vers.*

> Attaché près de moi par un zèle sincère,
> Tu me contois alors l'histoire de mon père ;
> Tu sais combien mon ame, attentive à la voix,
> S'échauffoit au récit de ses nobles exploits ;
> Quand tu me dépeignois ce héros intrépide
> Consolant les mortels de l'absence d'Alcide ;

Les monstres étouffés et les brigands punis,
Procruste, Cercyon, et Sciron, et Sinnis,
Et les os dispersés du géant d'Épidaure,
Et la Créte fumant du sang du Minotaure, etc.

RACINE.

Il faut éviter, dans les vers *à rimes plates*, de mettre, après deux vers masculins, deux féminins qui riment avec ceux qui précèdent ces deux vers masculins, ou *vice versá*. On trouve cette double faute dans ces huit vers de la Henriade :

Soudain *Potier* se lève et demande *audience* ;
Chacun à son aspect garde un profond *silence*.
Dans ce temps malheureux, par le crime *infecté*,
Potier fut toujours juste et pourtant *respecté*.
Souvent on l'avoit vu par sa mâle *éloquence*
De leurs emportements réprimer la *licence* ;
Et conservant sur eux sa vieille *autorité*,
Leur montrer la justice avec *impunité*.

Il ne faut pas non plus que des vers masculins et féminins qui se suivent, aient des rimes consonnantes l'une avec l'autre, comme ceux-ci :

Tels des antres du Nord, échappés sur la *terre*,
Précédés par les vents et suivis du *tonnerre*,
D'un tourbillon de poudre obscurcissant les *airs*,
Les orages fougueux parcourent l'*univers*.

Lorsqu'un vers masculin est suivi de deux féminins, après lesquels vient un autre vers masculin qui rime avec le premier, ou lorsqu'après un vers féminin, deux vers masculins sont suivis d'un vers terminé par la première rime féminine, ou bien enfin lorsque les rimes masculines et féminines se croisent et se mêlent librement, les vers sont à *rimes croisées* ou *mêlées*.

Les vers *lyriques* sont disposés en *stances* où les rimes sont *croisées*. Les petites pièces de vers, les poésies *légères*, et celles qu'on nomme *fugitives*, sont ordinairement à *rimes mêlées*. Il y a même des pièces en grands vers, des discours, des épîtres, qui riment de cette manière; une seule tragédie de Voltaire est en *rimes mêlées*, c'est *Tancrède*, qui commence par ces vers :

Généreux chevaliers, l'honneur de la Sicile,
Qui daignez par égard, au déclin de mes ans,
Vous assembler chez moi pour punir nos tyrans,
Et fonder un état triomphant et tranquille;
Syracuse en nos murs a gémi trop long-temps
Des efforts avortés d'un courage inutile, etc.

Les *rimes croisées* régulièrement sont surtout employées dans les *stances*, dans l'*ode*, le *sonnet* et le *rondeau*. Dans ces petits poëmes, l'ordonnance des vers est sujette à des règles fixes et particulières.

I. La *stance* est composée d'un certain nombre de vers, qui ne sont pas ordinairement moins de quatre, ni plus de dix. Les vers peuvent y être, ou tous grands, ou tous petits, ou mêlés les uns avec les autres.

Les stances sont *régulières* ou *irrégulières*; régulières, lorsqu'elles ont un même nombre de vers, un mélange égal de rimes croisées, et lorsque les grands vers et les petits y sont distribués également ; irrégulières, quand cette symétrie n'y existe pas.

Pour que les stances françoises soient parfaites, on exige, 1°. que le sens finisse avec le dernier vers de chacune ; 2°. que le dernier vers d'une stance ne rime pas avec le premier de la suivante ; 3°. que les mêmes rimes ne reparoissent pas dans deux stances consécutives.

Une stance peut former seule un petit poëme. Alors elle prend, selon le nombre de vers dont elle est composée, le nom de *quatrain*, de *sixain*, d'*octave* ou de *dizain*. Il y a aussi des stances de nombre impair, de cinq, de sept et de neuf vers.

Un morceau composé de plusieurs stances, conserve le nom de *stances*, lorsqu'il roule sur un sujet simple, que l'expression en est douce, naturelle, et que les mouvements n'ont ni désordre ni impétuosité ; telles sont ces *stances* de Chaulieu, sur la retraite :

La foule de Paris à présent m'importune ;
Les ans m'ont détrompé des manèges de cour :
Je vois bien que j'y suis dupe de la fortune,
Autant que je l'étois autrefois de l'amour.
Je rends grâces au ciel, que l'esprit de retraite
Me presse chaque jour d'aller bientôt chercher
Celle que mes aïeux plus sages s'étoient faite,
D'où mes folles erreurs avoient su m'arracher.
C'est là que, jouissant de mon indépendance,
Je serai mon héros, mon souverain, mon roi ;
Et de ce que je vaux, la flatteuse ignorance,
Ne me laissera voir rien au-dessus de moi, etc.

**II.** Quand le sujet a plus de grandeur, la

style plus d'élévation et de force, les images plus de vivacité, et qu'un certain désordre, qui naît de l'enthousiasme, règne dans toute la pièce, elle prend le nom d'*ode*, et les stances, celui de *strophes*. Il est inutile de détailler ici toutes les formes que les stances et les strophes peuvent avoir, la différente mesure des vers, les divers entrelacements des rimes; on s'en instruira suffisamment en lisant les poésies de *Malherbe*, de *Rousseau*, etc.; ils ont donné des modèles de strophes que l'on a fidellement suivis jusqu'aujourd'hui; mais il seroit encore possible de trouver de nouvelles combinaisons de mesures et de rimes, et l'on ne peut, à cet égard, suivre de meilleurs guides que la délicatesse de l'oreille, et le sentiment juste de l'harmonie des vers.

Restent le sonnet et le rondeau dans lesquels les rimes doivent être *croisées* régulièrement, mais qui ne sont plus guère d'usage ni l'un ni l'autre. Le sonnet a toujours paru, en françois, d'une difficulté extrême. Nos premiers poëtes en ont fait un grand nombre, parmi lesquels il en est peu de supportables. Boileau en a ainsi donné les règles, fait sentir les difficultés, et peut-être un peu trop exalté le mérite. Il feint qu'Apollon,

Voulant pousser à bout tous les rimeurs françois,
Inventa du sonnet les rigoureuses lois;
Voulut qu'en deux quatrains, de mesure pareille,
La rime avec deux sons frappât huit fois l'oreille;

Et qu'ensuite six vers, artistement rangés,
Fussent en deux tercets par le sens partagés.
Sur-tout de ce poëme il bannit la licence,
Lui-même en mesura le nombre et la cadence ;
Défendit qu'un vers foible y pût jamais entrer,
Ni qu'un mot déjà mis osât s'y remontrer.
Du reste, il l'enrichit d'une beauté suprême :
Un sonnet sans défaut vaut seul un long poëme.
Mais en vain mille auteurs y pensent arriver,
Et cet heureux phénix est encore à trouver.

III. Le *sonnet* est donc composé de quatorze vers d'une mesure égale, et ordinairement de douze syllabes. Ces vers sont partagés en deux quatrains, suivis de deux tercets, ou stances de trois vers.

Les rimes masculines et féminines sont semblables dans les deux quatrains, et entremêlées dans l'un de la même manière que dans l'autre.

Les deux premiers vers de chaque tercet riment ensemble ; la rime en est différente dans les deux tercets. Le troisième vers de l'un rime avec le second de l'autre ; cela est ainsi en françois. Les Italiens, qui ont fait une si grande quantité de sonnets, et qui en font de si beaux, veulent, pour l'extrême régularité, que les tercets, comme les quatrains, n'aient que deux rimes. Mais ils ne s'astreignent pas toujours à cette règle, et une grande partie des sonnets, même de *Pétrarque*, ont pour les deux tercets la même liberté que les nôtres.

Il faut dans chaque quatrain, un repos après le second vers, et un repos plus marqué après le quatrième. Il doit y en avoir un aussi à la fin du premier tercet; mais il n'est pas nécessaire qu'il soit plus fort que celui du second vers de chaque quatrain.

Quelques sonnets peuvent être dans le genre simple, et même dans le genre plaisant; mais les sujets sérieux et sublimes y conviennent davantage; alors tout y doit être noble, les pensées, les images, le style. Le sonnet ne doit souffrir, selon Boileau, ni la répétition d'un mot déjà mis, ni la foiblesse d'un seul des vers qui le composent.

On cite toujours pour exemples du sonnet, ou celui de Desbarreaux, ou celui de l'Avorton; en voici un de Voiture, dans lequel Boileau trouvoit toutes les perfections dont ce genre est susceptible.

Des portes du matin l'amante de Céphale,
Ses roses épandoit dans le milieu des airs,
Et jetoit sur les cieux nouvellement ouverts,
Ces traits d'or et d'azur qu'en naissant elle étale,

Quand la nymphe divine, à mon repos fatale,
Apparut, et brilla de tant d'attraits divers,
Qu'il sembloit qu'elle seule éclairoit l'univers,
Et remplissoit de feu la rive orientale.

Le soleil se hâtant pour la gloire des cieux,
Vint opposer sa flamme à l'éclat de ses yeux,
Et prit tous les rayons dont l'Olympe se dore.

L'onde, la terre et l'air s'allumoient à l'entour!
Mais auprès de Philis, on le prit pour l'Aurore,
Et l'on crut que Philis étoit l'astre du jour.

IV. Le *rondeau* a été l'un des genres de petits poëmes dans lesquels nos anciens poëtes ont le plus réussi. Une grâce spirituelle, simple et naïve, en fait le caractère.

> Le rondeau, né gaulois, a la naïveté.
>
> BOILEAU.

On peut employer, pour le rondeau, des vers de toute mesure; mais ceux de dix syllabes y sont le plus en usage; il est composé de treize vers de même mesure et sur deux rimes. Ces treize vers sont partagés comme en trois stances ; la première est de cinq vers, la seconde de trois, et la troisième de cinq. A la fin du tercet, ou de la stance de trois vers, on répète les premiers mots, ou quelquefois même seulement le premier mot du rondeau ; on les répète encore après le dernier vers ; et ce mot, ou ces mots ainsi répétés, se nomment le *refrain*. Il faut que le refrain forme un sens lié avec ce qui précède, et qu'il revienne les deux fois dans deux sens différents. Ce rondeau connu de Voiture, en explique les règles et en donne l'exemple.

> Ma foi, c'est fait de moi, car Isabeau
> M'a conjuré de lui faire un Rondeau :
> Cela me met en une peine extrême.
> Quoi ! treize vers, huit en *eau*, cinq en *ème* !
> Je lui ferois aussitôt un bateau.
> En voilà cinq pourtant en un monceau :
> Faisons-en huit en invoquant Brodeau ;
> Et puis mettons, par quelque stratagême,
>     Ma foi, c'est fait.
>
> Si je pouvois encor de mon cerveau
> Tirer cinq vers, l'ouvrage seroit beau ;
> Mais cependant me voici dans l'onzième,
> Et si je crois que je fais le douzième,
> En voilà treize ajoutés au niveau.
>     Ma foi, c'est fait.

Deux autres petits poëmes, dans lesquels le nombre et la mesure des vers sont libres, mais qui ne doivent guère s'étendre au-delà de dix vers, sont l'*épigramme* et le *madrigal*.

L'épigramme plus libre, en son tour plus borné,
N'est souvent qu'un bon mot de deux rimes orné.
BOILEAU.

Rousseau est celui de nos poëtes, qui a le plus excellé dans l'épigramme, ou du moins qui en a fait le plus grand nombre de bonnes. Racine, Boileau, Piron, Fontenelle, Voltaire, en ont fait aussi d'un goût exquis.

## A M. GRÉTRY,

*Sur son opéra du Jugement de Midas, sifflé devant une assemblée nombreuse de grands seigneurs, et fort applaudi quelques jours après sur le théâtre de Paris.*

La cour a sifflé les talents ;
Paris applaudit les merveilles :
Grétry, les oreilles des grands
Sont souvent de grandes oreilles.
VOLTAIRE.

Mes malades jamais ne se plaignent de moi,
Disoit un médecin d'ignorance profonde:
 Ah ! repartit un plaisant, je le croi ;
Vous les envoyez tous se plaindre en l'autre monde.
FRANÇOIS DE NEUFCHATEAU.

Lorsque la pensée, au lieu d'être piquante, est tendre, galante, ou lorsqu'il ne s'agit que d'exprimer un sentiment doux et délicat, ce n'est plus une épigramme, c'est un madrigal.

Le madrigal plus simple et plus noble en son tour,
Respire la douceur, la tendresse et l'amour.
BOILEAU.

Voltaire qui n'eut point d'égal dans la poésie légère, réussit sur-tout dans le madrigal. Il suffira de citer celui-ci :

> Toujours un peu de vérité
> Se mêle au plus grossier mensonge.
> Cette nuit, dans l'erreur d'un songe,
> Au rang des rois j'étois monté ;
> Je vous aimois, et j'osois vous le dire....
> Les dieux à mon réveil ne m'ont pas tout ôté :
> Je n'ai perdu que mon empire.

Le madrigal suivant ( *du petit père André* ) réunit le mérite des vers à celui de la pensée. C'est un roi de la fève, qui parle.

> Églé, je te fais souveraine.
> Au sort je dois ma royauté ;
> Tu dois la tienne à la beauté :
> Le destin m'a fait roi, l'Amour seul te fait reine.
> Demain je ne serai plus roi ;
> Demain tu seras toujours belle :
> Amour ! fais que demain elle fasse pour moi
> Ce qu'aujourd'hui je fais pour elle.



---

DE L'IMPRIMERIE DE J. GRATIOT.